1921-2021
厦门大学
XIAMEN UNIVERSITY

1921-2021
厦门大学
XIAMEN UNIVERSITY

厦门大学百年校庆系列出版物

百年学术论著选刊

教育概论

庄泽宣 著

厦门大学出版社
XIAMEN UNIVERSITY PRESS
国家一级出版社
全国百佳图书出版单位

图书在版编目(CIP)数据

教育概论/庄泽宣著.—厦门:厦门大学出版社,2021.3
(百年学术论著选刊)
ISBN 978-7-5615-7881-0

Ⅰ.①教… Ⅱ.①庄… Ⅲ.①教育学 Ⅳ.①G40

中国版本图书馆 CIP 数据核字(2020)第 172914 号

出 版 人 郑文礼
责任编辑 薛鹏志 林 灿
美术编辑 蒋卓群
技术编辑 朱 楷

出版发行 厦门大学出版社
社　　址 厦门市软件园二期望海路 39 号
邮政编码 361008
总　　机 0592-2181111 0592-2181406(传真)
营销中心 0592-2184458 0592-2181365
网　　址 http://www.xmupress.com
邮　　箱 xmup@xmupress.com
印　　刷 厦门兴立通印刷设计有限公司

开本 720 mm×1 000 mm 1/16
印张 18.75
插页 3
版次 2021 年 3 月第 1 版
印次 2021 年 3 月第 1 次印刷
定价 80.00 元

本书如有印装质量问题请直接寄承印厂调换

厦门大学出版社
微信二维码

厦门大学出版社
微博二维码

总序

厦门大学
党委书记 张彦
校　长 张荣

二〇二一年四月六日，厦门大学百年华诞。百载风雨，十秩辉煌，这是厦门大学发展的里程碑，继往开来的新起点。全校师生员工和海内外校友满怀深情地期盼这一荣耀时刻的到来。

为迎接百年校庆，学校在三年前就启动了『百年校庆系列出版工程』的筹备工作，专门成立『厦门大学百年校庆系列出版物编委会』，加强领导，统一部署。各院系、部门通力合作，众多专家学者和相关单位的工作人员全身心地参与到这项工作之中。同志们满怀高度的责任感和紧迫感，以『提升质量，确保进度，打造精品』为目标，争分夺秒，全力以赴，使这项出版工程得以快速顺利地进行。在这个重要的历史时刻，总结厦大百年奋斗历史，阐扬百年厦大『四种精神』，抒写厦大为伟大祖国所做出的突出贡献，激发厦大人的自豪感和使命感，无疑是献给百岁厦大最好的生日礼物。

『百年校庆系列出版工程』包括组织编撰百年校史、百年组织机构史、百年院系史、百年精神文化、百年学术论著选刊、校史资料与学生名录……有多个系列近一百五十种图书将与广大读者见面。从图书规模、涉及领域、参编人员等角度看，此项出版工程极为浩大。这些出版物的问世，将为学校留下大量珍贵的历史资料，为学校深入开展校史教育提供丰富生动的素材，也将为弘扬厦门大学『自强不息，止于至善』校训精神注入时代的新鲜血液，帮助人们透过『中国最美大学校园』的山海空间和历史回响，更加清晰地理解厦门大学在中国发展进程中发挥的独特作用、扮演的重要角色，领略『南方之强』的文化与精神魅力。

百年校庆系列出版物将多方呈现百年厦大的精彩历史画卷。这些凝聚全校师生员工心血的出版物，让我们感受到厦大人弦歌不辍的精神风貌。图文并茂的《厦门大学百年校史》，穿越历史长廊，带领我们聆听厦大不平凡百年岁月的历史足音。《为吾国放一异彩——厦门大学与伟大祖国》浓墨重彩地记述厦门大学与全国三十四个省级行政区以及福建省九市一区一县血浓于水的校地情缘，从中可以读出厦门大学在中华民族伟大复兴征程中留下的深深烙印。参与面最广的『厦门大学百年院系史系列』、《厦门大学百年组织机构史》，共有三十多个学院和直属单位参与编写，通过对厦门大学各学院和组织机构发展脉络、演变轨迹的细致梳理，深入介绍厦门大学的党建工作、学科建设、人才培养、组织管理、社会服务等方面的发展历程，展示办学成就，彰显办学特色。《厦门大学校史资料选编（一九九二—二〇一七）》和《南强之星——厦门大学学生名录（二〇一〇—二〇一九）》，连同已经出版的同类史料，将较完整、翔实地展现学校发展轨迹，记录下每位厦大学子的荣耀。『厦门大学百年精神文化系列』涵盖人物传记和校园风采两大主题，其中《陈嘉庚传》在搜集大量史料的基础上，以时代精神和崭新视角，生动展现了校主陈嘉庚先生的丰功伟绩。此次推出《林文庆传》《萨本栋传》《汪德耀传》《王亚南传》四部厦门大学老校长传记，是对他们为厦大发展所做出了突出贡献的深切缅怀。厦大校友、红军会计制度创始人、中国共产党金融事业奠基人之一高捷成的传记《我的祖父高捷成》，则是首次全面地介绍这位为中国人民解放事业做出杰出贡献的烈士的事迹。新版《陈景润传》，把这位『最美奋斗者』、『感动中国人物』、令厦大人骄傲的杰出校友、世界著名数学家不平凡的人生再次展现在我们眼前。抒写校园风采的《厦门大学百年建筑》、《厦门大学餐饮百年》、《建南大舞台》、《芙蓉园里尽芳菲》、《我的厦大老师》（百年华诞纪念专辑）、《创新创业厦大人二》、《志愿之光》、《让建南钟声传响大山深处》、《我的厦大范儿》以及潘维廉的《我在厦大三十年》等，都从不同的角度，引领我们去品读厦门大学的真正内涵，感受厦门大学浓郁的人文精神和科学精神。

此次出版的『厦门大学百年学术论著选刊』，由专家学者精选，重刊一批厦大已故著名学者在校工作期间完成的、具有重要价值的学术论著（包括讲义、未刊印的论著稿本等），目的在于反映和宣传厦门大学百年来的学术成就和贡献，挖掘百年来厦门大学丰厚的历史积淀和传统资源，展示厦门大学的学术底蕴，重建『厦大学派』，为学校『双一流』建设提供学术传统的支撑。学校将把这项工作列入长期规划，在百年校庆时出版第一辑共四十种，今后还将陆续出版。

『自强！自强！学海何洋洋！』一百年前，陈嘉庚先生于民族危难之际，抱着『教育为立国之本，兴学乃国民天职』的信念，创办了厦门大学这所中国历史上第一所由华侨独资建设的大学。一百年来，厦大人秉承『研究高深学术，养成专门人才，阐扬世界文化』的办学宗旨，在实现中华民族伟大复兴的征程上书写自己的精彩篇章。我们相信，当百年校庆的欢庆浪潮归于平静时，这些出版物将会是一串串熠熠生辉的耀眼珍珠，成为记录厦门大学百年奋斗之旅的永恒坐标，成为流淌在人们心中的美好记忆，并将不断激励我们不忘初心继承传统，牢记使命乘风破浪，向着中国特色世界一流大学目标奋勇前行！

张彦　张荣

二〇二〇年十二月

『厦门大学百年学术论著选刊』编纂说明

为反映和宣传厦门大学百年来的学术成就和贡献，挖掘厦大学术丰厚的历史积淀和传统资源，为学校『双一流』建设提供学术传统的支撑，『厦门大学百年校庆系列出版物』丛书下设『百年学术论著选刊』系列，以精选、重刊一批我校学者在校期间撰著的、具有重要价值的学术论著。

为此，学校设立『百年学术论著选刊』编纂组，在以校党委书记张彦、校长张荣为主任的『厦门大学百年校庆系列出版物』编委会指导下具体负责这项工作。编纂组组长：洪峻峰；成员：朱水涌、钞晓鸿、高和荣、蒋东明、石慧霞。

鉴于学校将把收集、整理和重刊我校学术论著列入长期规划，今后分辑继续此项工作，『百年学术论著选刊』系列划定选稿范围，内容为百年来在我校工作过的已故学者在校期间撰写或出版的论著，时间以『文革』之前刊印或完成（稿本）为限；确定刊印形式，为原书、原稿影印出版。编纂组于二〇一九年三月向全校各学院、研究院征集选题，同时利用图书馆及图书数据库检索渠道搜索相关文献、查找合适选题。论著的遴选侧重名家名著，同时关注民国时期稀见版本和未刊稿本，包括未曾正式出版的油印本教材。

经学院推荐、文献检索和专家筛选，学校『百年校庆系列出版物』编委会确定了四十种入选论著。我们随即展开对论著影印底本的选择和寻访，工作得到了有关图书馆、藏书家的支持和帮助。同时，约请我校各学科相关专业的专家学者分别为各书撰写出版前言，介绍作者生平学术和论著内容价值，揭示其学术史意义及在我校的学术传承。各书前言还将汇编成集，同时出版。

论著选刊工作得到了原著作者的亲属、弟子多方面的支持。部分作品的著作权尚在保护期内，我们也征得其继承人的支持并签约；个别作品无法联系到著作权继承人，我们将公布联系方式，敬请他们与出版社联系。

本系列丛书从启动到编成历时两年整。在编纂过程中，学校图书馆、社科处和出版社作为这项工作的协作单位，分别承担了大量的繁杂事务；编纂组秘书黄援生、林灿，以及朱圣明、刘心舜和校图书馆古籍特藏与修复部有关人员，做了许多具体工作。

『厦门大学百年学术论著选刊』的编纂，是对我校百年来学术文献资源的一次大规模的搜集、梳理和开发。厦大的学术底蕴和文献资源极为丰厚，第一次选刊难免挂一漏万。经过这次编纂工作的探索，学校今后的分辑整理出版规划将会更加完善。

厦门大学百年学术论著选刊　编纂组

二〇二〇年十二月

厦门大学百年学术论著选刊（四十种）

《中国文学变迁史略》　刘贞晦　著
《教育学原理》　孙贵定　编
《中国古代法理学》　王振先　著
《石遗室诗话》　陈衍　著
《历史哲学》　朱谦之　著
The Development, Significance and Some Limitations of Hegel's Ethical Teaching（《黑格尔的伦理学说》）　张颐　著
《汉文学史纲要》　鲁迅　著
《马哥孛罗游记》　张星烺　译
《闽南游记》　陈万里　著
《厦门音系》　罗常培　著

《教育概论》　庄泽宣　著
《艺术家的难关》　邓以蛰　著
The Li Sao: An Elegy on Encountering Sorrows（《离骚》）　林文庆　译
《老子古微》　缪篆　著
《教育与学校行政原理》　杜佐周　著
《教育社会学》　雷通群　著
《国际私法》　徐砥平　著
《地理学》　王成组　著
《货币银行原理》　陈振骅　著
《文化人类学》　林惠祥　著
《教育之科学研究法》　钟鲁斋　著

《厦门大学文学院文化陈列所所藏中国明器图谱》 郑德坤 编著

《因明学》 虞愚 著

《实用微积分》 萨本栋、郑曾同、杨龙生 编著

《大学普通化学讲义》 傅鹰 著

《中国文学史》 林庚 著

《史学方法实习题汇》 谷霁光 编

《语言学概要》 周辨明、黄典诚 译著

《英美法原理》 [美]阿瑟·古恩 著，陈朝璧 译述

《中国官僚政治研究》 王亚南 著

《西洋经济思想》 郭大力 著

《古音学说述略》 余謇 著

《明清农村社会经济》 傅衣凌 著

《隋唐五代史纲》 韩国磐 著

《会计基础知识》 葛家澍 主编

《文昌鱼》 金德祥 著

《泛函分析》 李文清 著

《胚胎学讲义》 叶毓芬及山东大学胚胎学教研组、汪德耀 编

《浮游生物学概论》 郑重 著

《海水分析化学》 陈国珍 主编

前言

邬大光

一

庄泽宣（一八九五—一九七六），原名庄泽嵩，浙江嘉兴人，是厦门大学教育系的老前辈，也是我国近代教育学的重要奠基人。在厦门大学百年华诞之际，厦大重新出版庄泽宣先生的代表作《教育概论》，这既是对庄老先生的怀念，也是我们这一代人重温教育学科发展史的极好机会。在二十世纪初期，当教育学作为一个研究领域进入我国大学以来，庄泽宣先生是我国早期教育研究的重要学者。早在一九三〇年，著名学者邹韬奋就撰文评论他的著述，认为他的教育思想『很含有卓见的革命性，很值得我们特殊的注意』[1]。在比较教育学领域，庄泽宣『与常导之、钟鲁斋并称为三大比较教育学者』[2]。

庄泽宣生于官宦之家，毕生心系教育，从事教育事业二十余年，勇攀教育理论高地，专心问学，笔耕不辍，硕果累累，著有二十余部专著和大量论文，集中反映了庄泽宣先生的教育思想和教育理论本土化之诉求。庄先生一生之思想与著作既为当时教育研究的发展和繁荣贡献了智慧，又为后世教育研究的传承与开来留下了遗产，其以卓越又富独见的中国教育本土化、比较教育和职业教育思想而成为教育研究之地的重要先驱者。其中先生所著之

《教育概论》，以『数种「立言」，比肩同侪；一册《概论》，泽及后学』③而屹立于世。

二

《教育概论》一书成型于一九二六年。一九二六年夏，庄泽宣先生离开清华大学，南下厦门大学任教。此后多年躬耕学术，专心问学，讲授『中国教育状况』课程，于一九二六年开始撰写《教育概论》，一九二八年正式出版。他后来曾说，『教育概论』课程之目的，『在于学生以教育学与教育术的鸟瞰，使他们认识教育是什么，教育事业的范围如何，他们的责任之重大；同时要他们自审是否合于做这种工作』④。该书甫一问世，《中华教育界》就给予了高度评价，认为此书『所论之范围极广，其精神悉以最新之教育学说为准，略理论而重实际，语多具体。其所论及之各问题，均先略述历史之背景，以明蜕变之迹』⑤。

全书共有十六章。第一章为绪论，第二至第八章谈论『教育各方面之问题，乃一种横剖面之研究』；第九章独立成章，论学校制度；第十至第十四章以中外比较视野呈现各级各类教育；第十五、十六章以教育行政与经费、教育研究为主题孑立讨论教育外部环境与教育传承问题，系统阐释了我国近代教育学的理论和实践体系。

何为教育？《说文》中言：教，上所施下所效也。育，养子使作善也。《教育概论》以『何为教育』为开篇，从多角度、宽视野层面切入探求『何为教育？何为完全教育？何为真正的教育？』几大关涉教育本质之问题。在他看来，人的生长不在于求达某种固定之境地，而在于各尽其能；教育既为生长，亦不应悬格以求效，一方面视社会为进化的，一方面视受教人为活的，每个时期之自身皆有价值，此谓教育之精神。理想的教育，不应该仅仅注意受教者之环境与施教时所用教材、教法及受教者之性质等等而已，且必须竭力审慎受教人之特性与才能，而定其应受与能受何种程度之教育，此所谓因材设教。庄泽宣先生以其简洁而又掷地有声之文风，道出了教育之真谛——教育者因材施教而使受教育者各尽其才能也。

完全之教育，是庄泽宣先生信奉的教育哲学，也是该书的精华所在。第二至第八章以横剖面之法谈论教育方方面面问题，也即完全之教育。第一，受教育者之品性形塑于遗传、环境或训练三因素，『受教育人之性，根于遗传或先天者，根于环境或后天者，根于训练或教育者』。理想的受教环境固不可得，故而教育之任务，即在可能范围之内，供给于受教者以相当之教材、方法及近于理想的环境等。第二，学习与游戏之关系及游戏在受教育个体中的重要性。学习与游戏实无区别，『殊不知吾人自游戏中学得之知识技能不知凡几，未正式受教育之先，儿童学习之途径几全赖游戏』。游戏看似无用，实则其隐育知识，世上许多知识技能，若能利用游戏因势利导，儿童皆可以获得且能感受快乐。游戏作为一种天然学习法，儿童从中所得之习惯、技能、知识、观念及态度不知凡几。身体上之习惯及技能能于游戏中获得，知识及观念能于其中获得，社交态度及观察力之养成亦赖于游戏。对于如何提倡开展游戏一事，先生畅言实非难事，游戏选地不求宽大但须平坦，设备更不求其精美，游戏在于精神而不流于形式。第三，环境与卫生。教育事业是以已生在世之人（不论其先天之心智如何）为起点，使其充分发展，故而育人之环境至关重要，大至校舍选址，小至校舍材料、天花板、黑板光线等甚至于厨房厕所以及教师与学生衣服之布料、式样、衣帽、裙裤颜色，更甚于受教育者饮食结构（富于蛋白质者、富于脂肪者、富于淀粉者）皆有考量。庄先生之言可谓『细微之处见真知』『巨细无遗』之概述。第四，教法与教材。教法与教材，犹车之二轮，鸟之两翼，二者不可缺一。教育方法形式多样，演讲、问答、练习、讨论、研究、实验、观察、调查、欣赏方法各异。而合于儿童心理之方法即教材不必先有系统而须根植于儿童之经验，由儿童自己组织而成，教师退居于辅导之地位。广者而言凡生活中一切现象与人生关系者皆为教材，狭义而论教材则乃正式教育所用之事物，往往排列成序，循次而进，进而成为课程。课程之功用在使学生获得关于人生之健康、社化、文艺及职业上的各种技能与知识。教材应如何分配在于各科各级教材之选择，须考量社会生活之需要与儿童知识之缺点。教材之运用则视教法而异，必须因时因地制宜，既根据儿童之需要，又须避免各地『千篇一律』之不变。第五，教育测验与统计。智者之聪明至如何程度，愚者之笨拙又至如何程度，如何测量其标准迥异，但测验在入学标准、分班及升班、职业指导、估量效率、甄别教员、诊断学生中能发挥一定作用。而教育统计则能够在极短时间内帮助教育测验明了种种事实，便于比较。校与校之比较，一地与一地之教育比较，是为谋教育进步之重要步骤，在比较中才有所进步。第六，课外事业。正式学校中的正式课程第一功用是使学生获得关于人生之健康、社化、文艺及职业上之各种技能、知识。然而关于此四种之技能与知识，不仅仅可在课程中获得，在课外事业中亦未尝不可得之。教育既为生活，故而对学生课外事业不应当采取旁观态度，且对组织课外事业之方式须慎而考之，然若行之不当其害亦大。

学校制度是二十世纪上半叶我国近代教育起步的关键所在，也是庄先生关注的重点。因为该书形成之时，正是我国近代学校教育体系发轫之际，庄先生从学制的开端至设立学制的基本之要素，再到学制年限几重重要问题，皆有深入浅出的论断。我国最初学制脱胎于日本，最近则取法于美国，而西洋各国学校制度，最初亦为贵族式，以实现造就统治人才之目的。幼稚教育、初等教育、中等教育、高等教育、特殊教育等构成了当时之学制。设立学制应适应社会进化之需要、发挥平民教育精神、谋个性之发展、注意国民经济力、注意生活教育，使教育易于普及，同时要多留个伸缩余地。注重天才教育，得变通年限及教程，使优异之智能尽量发展。对于精神上或身体上有缺陷者，应施以相当之特种教育。在如何制定学制年限上，一国学制年限拟定须兼顾课程之最低限度可于若干年中求得及国民经济能力使子弟入学若干年。可以看出，在庄先生对我国近代学制的阐释中，蕴含着他的『新教育理论』本土化之诉求。

庄先生认为各级各类教育，都应该有自己的明确定位和目标。他为幼稚教育、初等教育、中等教育至高等教育的培养目标都进行了基本界定。幼稚教育可于家庭中施行，均为身体各部之发展。然而施行幼稚教育者，最苦之事为无适当工具，庄先生希望有志于教育而研究者，从收集资料起始，再择其有价值而可用者宣传与普及，必能造福于儿童。初等教育之目的在于：一为中高等教育之预备，一为与不继续入学者以最重要之知识，使其小则能在家庭中充一健全份子，大则在社会中为一良善国民。教育内容须合于民治精神，使儿童具有实际工作能力、处事接物能力及抽象思考能力。教材当悉以儿童是否需要且为能力所及为衡。初等教育中以教日常所接触之事物，如社会中所必需之观念及技能、个人对人对己之根本态度、基础常识及技术为内容。中国的中等教育与西方中等教育相比，其办学难度及困难较欧美尤甚。新学制中因民治精神普及程度未达及民众生活程度，日日增高欲将中等教育平民化，但实仍为一种阶级教育。高等教育其目标，则在于造就一国领袖人才也。高等教育位列于中等教育之上，其性质为专门性而非普通性，对入学者智力有相当之要求，非智力高尚程度相当者无从得益也。他坚持特殊教育亦属于教育之部分，并为特殊教育大声呐喊。先生站位于比较视阈，考究美、德、法、英等国特殊教育来龙去脉，为中国特殊教育事业发展和域外经验汲取，留下了厚重一笔。

穷国办教育主要受制于教育经费。教育主要是政府的责任，各级政府是教育投入的主体。《教育概论》对政府的教育投入进行了基本的制度设计。庄先生认为『欲图教育之发达，端赖经费之充裕』。放眼国外教育发展，他以比较方式展现国外（德国、法国）至国内、古至今之教育行政制度及国外教育经费事宜。欲使教育经费充裕，需要保存已有经费及另开来源，让教育事业可由维持进而扩充。庄先生亦希望此后各省能有明达之省政府，增加教育经费，补助各县及市乡之教育（或因贫苦，或由于特别原因），奖励优良学校及办学人员，务必在经费量的方面使各省教育得以平均发达，质的方面达至各省划分学区，设立模范学校以资观摩而求进步，达至善教。

作为一位教育学家，重视教育研究是庄先生的一生追求。纵观世界教育学科发展史，十九世纪的西方学者赫尔巴特与斯宾塞二人使教育学独立，成为专门学问，开后世研究教育者之大道。但在我国，系统的、科学的教育研究始于二十世纪初叶，庄先生是其中之一。对于教育学的学科建设，庄先生既是提倡者，也是实践者，而且是一位具有『本土情怀』的实践者。庄先生强调教育研究的『综合性』，因为教育研究维度各异——历史的研究、哲学的研究、科学的研究。历史的研究能够明教育之演进及已往之成绩，为今后研究奠定基础；哲学的研究系探本求源之研究，研究者须鉴古明今，有敏锐之目光、冷静之思考、实验之精神与哲学之背景；科学的研究一方面在客观，另则在数量，科学的研究应时而起，方兴未艾，前途未可限量。幼稚教育、初等教育、中等教育、高等教育之研究，其中横分职业教育、公民教育、师范教育、女子教育之研究；理论分教育史、教育哲学、教育心理、教育社会学之研究等。教育研究之原则必有赖于分工及专精，视研究目的而异。教育研究方法常推阅览书报，随时参阅各大杂志之书评，各种新学说、新方法多先在杂志中发表。庄先生以其敏锐的观察力觉察到中国今日研究教育，最重要之方向为教育行政中教育经费研究及乡村教育研究，二者在中国均是亟待解决之题，且绝不能照搬欧美之经验。

三

通观全书，使学人一览教育之全局，鸟瞰教育之各种形态。一言蔽之，《教育概论》一书就思想意义、艺术特色及社会价值而言凸显以下特色：

第一，思想意义。庄泽宣先生的《教育概论》为人们打开了一扇观察教育全景之窗，涉猎教育方方面面，内容丰富，使学人经历一场教育思想之旅，观览数国教育学与术之胜景，有助于学人借助他国教育图景之力，穿透我国教育研究之迷雾，洞察本国教育研究之前进方向，意义亦非三言二语将其穷尽。

第二，艺术特色。《教育概论》适用于所有群体，包括已研究教育有年者，变换眼光不致毫无所得；《教育概论》所涉及之问题，均先略述历史之背景，以明蜕变之迹，因为无论何种学说及问题均必有其源流；《教育概论》重比较、善比较，比较研究一贯到底，皆先述欧美先进各国之制度及现状，供学人参考，并引起学人研究兴趣，以观而学之。

第三，社会价值。《教育概论》兼顾本土与域外，实为教育学界不可多得的一部佳作，其论述体系完整、引用资料翔实、涉及域外的资料丰富，简而概之介绍教育，无疑是建构适宜我国『教育』的前提性工作。但同时正如先生所言，『绝不能照搬欧美之经验』，本土教育应不以西方的标准而『时然而然』，要立自家之根源『己然而然』，因时因地而制宜。

最后需要提及的是，《教育概论》一书是庄先生的早期著作，由于先生所处时代的局限性，还无法对中国教育的本质和道路等重大问题展开。如果要全面理解先生的教育思想和理论体系，就要系统学习先生后期的教育论述，尤其是他对『新教育中国化』的阐释十分精辟，至今不失现实意义。让我们谨记先生的告诫：『我个人研究教育的动机是在二十年前已感到西洋教育行至于中国颇有格格不入之病，想搜求所以如此之故。』读罢《教育概论》一书，以及在收集资料过程中阅读先生的早期论文和学者研究他教育思想的文章，个人的最大收获是：庄泽宣先生对教育学的贡献绝非仅仅是他对『教育学』学科体系的理论贡献，而是他的『新教育中国化』的思想。

二〇二一年三月一日

注释：

①韬奋：《读几篇教育革命的文章》，《生活》第五卷第二五期，一九三〇年，第四〇七~四〇八页。

②陈伟、郑文：《新教育中国化：论庄泽宣的比较教育思想》，《学术研究》二〇一二年第四期，第一五二~一五八页。

③邓友超：《庄泽宣及其〈教育概论〉》，《纪念〈教育史研究〉创刊二十周年论文集（二）——中国教育思想史与人物研究》，二〇〇九年，第二三六一页。

④庄泽宣：《大学教育学系课程问题》，《教育杂志》第二五卷第一期，一九三五年，第二一六页。

⑤见《中华教育界》第一七卷第六期，一九二八年，转引自邓友超：《庄泽宣及其〈教育概论〉》，《纪念〈教育史研究〉创刊二十周年论文集（二）——中国教育思想史与人物研究》，二〇〇九年，第二三六二页。

作者邬大光，厦门大学原副校长，教育研究院教授、博士生导师。

教育叢書

教育概論

莊澤宣著

1928

上海中華書局印行

庄泽宣著《教育概论》，影印底本：中华书局一九二八年四月初版。

教育叢書

教育概論

莊澤宣著

1928

上海中華書局印行

教育概論

例言

一、本書名曰概論，重在教育全體的鳥瞰。現今流行之教育學通論，多偏重理論，故易涉於空泛，本書則偏重實際，語多具體，於初學者不無裨益。

二、本書之精神悉以最新教育學說爲準，已研究教育有年者，讀此或亦可變換眼光，不致毫無所得。

三、本書所論及之各問題均先略述歷史的背景，以明蛻變之跡，蓋無論何種學說及問題，均必有其源流也。

四、本書關於討論各級教育之各章，皆述歐美先進各國之制度及現狀，藉供讀者之參考，并引起研究比較教育之興趣。

五、本書既爲概論，自不能於每個問題作精深之研究，凡願再作研究者可讀每章附錄及其他書報。（附錄者大都係書名，因在中國各圖書館中報紙及雜誌有全份者頗少，亦不易購，故鮮錄入。）

六、本書如作教科書，可由教師隨時補充教材，或由學生選讀附錄書報或研究實際問題。如補充材料豐富，則可分本書首八章爲前編，所談者爲基本學識，可供第一學期討論，後八章爲後編，所談者爲各級教育，可供第二學期討論。

七、本書所論之範圍頗廣，作者學識淺陋，如有錯誤之處，尚希專家指正，不勝感謝。

民國十五年十月莊澤宣識於廈門

教育概論

目次

教育概論

第一章 緒論

教育二字之普通解釋

何謂教育？

按說文，教，上所施下所效也，育，養子使作善也。——段注，育不从子而从倒子者，正謂不善者可使作善也。

西文 Education 乃從拉丁文 Educare 蛻化而成，意為引出。

韋白司脫萬國大字典解釋教育之義如下：給與吸收知識，技能，及訓練品格謂之教育。教育包含各種個人教授及社會訓練之全部。凡屬於受教人之幸福，效率及其社會服務之能力者，皆在教育範圍之內。

西文教育乃一字，中文則為二字，其含義較廣。教育事業有教與育二方面，有教而無育或有育而無教，皆不能稱為完全之教育。

上之所述乃普通之定義，至於專門之定義尚待求教於專家。專家對於教育之

西洋舊有之教育定義

定義，因所見不同而異，今且舉其著者言之。

米而頓（John Milton 一六〇八——一六七四）爲西洋教育家中對教育下定義最早者之一，其言曰：「我所謂完全和寬廣之教育，乃使人戰時或治世能公正的，技巧的，及大度的任公私各事。」

米而頓乃一教育理想家，其定義頗空泛。同時有孔末納司（Jan Amos Komensky or Comenius 一五九二——一六七二）者，在教育上經驗頗富，所著教科書頗風行一時，其言曰「教育養成道德習慣使人信天而前者又賴相當之智識；以引導之。」

上述定義，未免富於宗教色彩。後有自然主義之盧梭（Jean Jaques Rousseau 一七一二——一七七八）爲教育下一定義曰：「自然人類及事物，合作以完成教育，且當使後二者從前者，蓋自然不能爲我輩所宰制，故教育必合於自然也。」

首從心理的眼光定教育之目標者爲裴斯他洛齊（Johann Heinrich Pestalozzi 一七四六——一八二七），其言曰：「教育是使人之各種能力自然的進步的，及均衡的發展。」

赫巴脫（Johann Friedrich Herbart 一七七六——一八四二）則以爲「道德可以代表教育目的之全體。」福祿培爾（Friedrich Froebel 一七八二——一八五二）說：「世界上各物皆隨一條永久律而生活……教育是在使人認識此永久律。」

上所舉者皆西洋教育家對於教育所下之定義，今且一觀中國教育家之定義如何？

中國各家之教育定義

孔子以爲教育「在明明德，在新民，在止於至善。」

孟子以爲人性善，教育當擴充人所固有之善性。

陸象山以爲教育之目的在使大家要做堂堂的人。

朱子則以爲教育在使人學聖。

王陽明之教育乃所以發達人人固有之良知。

總觀上述諸定義，其說法雖不同，其觀點則無異，蓋皆屬於玄學的，主觀的，及綜合的，有籠統含混之弊，甚且不免神秘不可了解。

現代流行之四定義

至現代教育家對於教育之定義，約可分爲四類：

一、以教育爲適應現代文化，如

白脫拉（N. M. Butler 一八六二——）說：「教育是使一個人適應人類之精神的遺傳，一方面使知一己之能力，一方面使助促進文化所包含之觀念，行爲及制度。」

盧的格（W. C. Ruediger 一八七四——）說：「教育一個人，即使彼適應關於近代生活之環境，且發展，組織，及訓練其能力使能有效的，正當的利用此種環境。」

二、以教育爲增進社會效率，如

哈力士（W. T. Harris 一八三五——一九〇八）說：「教育是預備個人與社會之結合，此種預備使彼能助他人，亦受他人之助。」

俄血（M. V. O'Shea 一八六六——）說：「吾以爲教育是發展社會之活動。」

三、以教育爲人格之發展，如

威而頓（J. Welton 一八五四——）說：「教育之目的在發展完全而有效之人格，卽使人之生活與宇宙發生完滿而可羨之關係。」

派克（S. C. Parker 一八八〇——）說：「使人之生長及發展之能力，完全實現，卽爲教育。」

四、以教育爲經驗之改造，如

杜威（J. Dewey 一八五九——）說：「教育是改造人之經驗，使經驗增加意義及具指導後繼經驗之能力。」

寇伯遽（W. H. Kilpatrick 一八七一——）說：「教育是經驗之指導，使改良品格而產出更豐富有益之經驗。」

此四種定義雖各不同，大別之前二種之觀點重社會的，後二種則重個人的，但均認教育爲一種手續，此種手續在調節個人與社會之關係。合而觀之，教育之作用，卽一方面使受教人成爲社會中有益份子，以增進社會之效率，一方面使得社會之助力，承受文化上種種之遺傳物而享用之。

如此說法，似極簡單，使社會乃靜的，受教人乃被動的，則教育事業極爲易辦。惟現代之社會乃動的，日新月異，而在進化之中，受教人亦日有進長而具有自動力，故教育之爲用，非僅使被動之受教人適應靜的社會，卽爲了事。

杜威之生長說

善哉杜威在瓦得生（Foster Watson）所編教育百科全書（London, Pitman, 一九二一出版）中之言曰：

（上略）今且舉兩點而申論之：

一、如視生長僅爲達於較原地位更優美之境地之一種手續，則與昔日視宇宙爲靜的之各種理論又有何別。吾人當以運動，變化，過程，等現象爲基礎的。在最近半世紀中，此種之觀念應用於研究各種動植物之生活及構造上已極有成效。惟各精神科學（如教育）中尚遺有已爲一般智識界所鄙棄之各種觀念，此種觀念久爲他種科學所不需矣。

二、卽使吾人仍信靜的哲學觀念（此並非吾人所眞信者）負教育之責任者如目的有定而能基於事實亦必從生長一方而着手彼必須自生長自身中尋道路，不必滯於一種最終之目的以定何者爲生長，何者非生長。何謂最終之目的人各異言。若由此途進行教育事業必致紛爭無已，且此種爭論舍憑主觀之見解或外界勢力外無由定案。夫吾人既知用種種方法測驗兒童身體之生長——如身高，體重及其他現象皆可用觀察法記錄之，則醫生及父母之智慧者當以此而定兒童之生長與否，不必日孳孳以求其達於理想之體格。教育家亦當設法研究學生關於智力及道德之變動，且訂定與生長有關之各種變動之標準。惟教育哲學認生長爲其主要目的與懸格之時，哲學始可應用於各種教育之研究，苟不然者，則哲學僅係若干高深而無從應用之觀念耳。」

由上觀之，吾人之生長不在於求達某種固定之境地而在於各盡其能；教育既爲生長，亦不應懸格以求效，一方而視社會爲進化的，一方而視受教人爲活的，彼之每個時期之自身皆有價值，此之謂新教育之精神。

教育既爲生長，則人類在世一日卽受教育一日。換而言之，人類在世一日則必與社會接觸，一日因與社會接觸，則一方面個人必受社會之影響而於生活上有所改變，一方面當有所貢獻於社會使社會繼續生存，繼續發展，此種手續卽爲廣義的教育。

廣義的教育

惟此種關係有有形的，有無形的，通常所稱爲教育，乃指有形的而言。所謂有形的，卽將社會上前代之遺傳物用最經濟的方法傳之於未明了此種遺傳物之兒童，使兒童承受後，據以爲改造及促進社會文化之起點。人類之有文化凡數萬年，此數萬年中之遺留物甚多，一一傳之於兒童，事屬不可能，不得已擇其精要，於短少之歲月中用最經濟的方法在適當之環境中授之。此種適當之環境中最重要者稱爲學校（其次則有各種通俗教育機關），此短少之歲月稱爲學期，經選擇之文化精要之點稱爲教材，而最經濟之方法則合於兒童心理之教法也。此種有形的教育可謂之爲狹義之教育，亦卽以後本書討論範圍所及之教育也。

狹義或有形的教育（本書所討論）

教育之責任

顧教育之責任，非僅將人類文化中各種遺留物之精要者傳之兒童，卽爲已也；

若如是則視社會爲靜的兒童爲被動的此舊教育之觀念耳今日之教育必視兒童爲自動的，審其個人之特性及才能，與以適當之教材幷訓練其身心，使彼不獨能處於現世進化之社會中措置裕如，且能發揮其特性才能，以改造自身，改造社會，而謀人類之進化。然後所受之狹義有形的教育，時期雖短，範圍雖小，而其作用，能成爲廣義無形的教育之基礎。

試再就上述諸點一一申論之。

新教育之環境

新教育之環境爲學校及他種教育機關，此種環境非僅一片廣場一座房屋已也，必須一方面合於衛生使身心一切之發展不致有所阻撓，一方面使施教者能利用之以刺激受教者，使不得不自動以求進益，幷養成種種習慣使終身受其利。而影響於社會對於環境之討論，讀者可閱第四章及其附錄各書。

新教育之方法

新教育之方法，非徒傳授社會文化之最經濟之方法也，必須舍此而外更養成受教者之自動能力，使能利用此種方法，一方面就在學校所獲得之知識技能繼續不斷的發展，一方面能藉以發展其特性才能而有所貢獻於社會。關於獲得知識技能及發展特性才能之基礎原理，讀者可閱第三章及附錄各書，關於新舊各種方法之討論，則可閱第五章及其附錄各書。

新教育之教材

新教育之教材，非僅因係社會文化之精要而選擇之，必還須能引起受教者對於社會文化各部更深研究之興趣，及引起種種之反動，使受教者之行爲有所改變，轉而影響於社會，使社會文化有所進步而發展不已。況受教者之一切行爲皆可藉以獲得知識技能及一切生活上習慣，新教育之施教者，必須顧到受教者之全部行爲而利用之。關於教室內之教材討論，讀者可閱第六章及其附錄各書，關於學生課外之各種活動討論，則可閱第八章及其附錄各書。

受教人之性質及比較

上述種種新教育觀念，各方面之出發點，在視受教人爲自動的生長的，且每個時期之自身各有其價值，故吾人不可不先研究受教人之性質。此則可閱第二章及其附錄各書。吾人一方面知受教者尸在生長，一方面復須知所施之教育於兒童身心一切發生何種影響，是必賴於客觀的標準；而各個兒童之比較及全體受教人綜合的觀察，必賴於精密之統計。此則可閱第七章及其附錄各書。

因才設教

理想的新教育，不獨注意受教者之環境與施教時所用之教材及教法及受教者之性質等等而已；且須審受教人之特性與才能而定其應受與能受若何程度，所謂因才設教是也。吾人既覺教育與社會有密切之關係，社會之文化賴教育以授之後世，社會之生長復賴教育而爲之促進，然則凡社會中之各個份子，皆須受若干之有形的教育以爲彼入社會後受無形的教育之基礎，固不待言。

各級教育

此種基礎教育吾人通常稱爲初等教育。教育既爲生長，則吾人生於此世之日卽當開始受教，除首二三年猶不能脫離繈褓之期僅可受無形的教育外，初等教育以前之教育稱爲幼稚教育。凡受初等教育既終者經種種之選擇，可再受中等教育。此種選擇之理想方法，當以受教人之特性才能爲標準，惟處於現世之社會每以經濟力爲標準，而過去之社會中則更有以社會歷史上相沿之階級爲標準者。至於處於中等教育以上之高等教育，則其選擇學生之標準亦復如是，其才能足以受高等教育者往往無此機會，而入高等教育機關力不足以畢業或畢業後不勝任社會之領袖人物者，比比皆是。此蓋由於歷史的關係而去吾人理想之境界尚遠者也。

此外尚有若干身心有缺陷及年長失學之社會份子，吾人亦當與以適宜之教育，惜此種教育之機關多供不應求。上述種種之教育機關，彙而觀之則成爲有形的教育之系統，此系統古今中外各各不同，實含有時代性及地方性。讀者如欲研究茲數者，可閱本書第九章至第十四章及各章附錄各書。

有形的教育在今日之社會中已占極重要之地位，有專員司其事，有專欵供其用，而教育之研究亦成爲若干人之專業。此則可閱本書最後二章及其附錄。

本章所論，或近於哲學的，讀者閱之或可作爲研究近世教育哲學及原理之起點，欲知其詳，可再閱附錄各書及該書中所引之書。以後各章當極力注重實際之討論，以爲研究教育各方面之起點。

本章參考用書：

近三世紀西洋大教育家，美國 Graves著，作者譯，商務印書館。

人生教育，美國 Miller 著，鄭宗海俞子夷譯，商務出版。

杜威教育哲學，金海觀等筆記，商務出版。

A Study in the Principles Chinese Education 蔣夢麟著同右

Some Serveceable Definitions of Education, an article by Clara F. Chassell in Education, January 1924.

Source Book in Philosophy of Education, by W. H. Kilpatrick, Macmillan, New York 1924.

Democracy and Education, by J. Dewey Macmillan, 1916.

第二章　受教人之性質

吾人在前章已述及教育之一方面爲正在生長之受教人——活的受教人，一方面爲承傳文化之社會——進化的社會。茲且一觀此受教人之性質如何？

人生各時期

昔日之教育家每以受教人爲被動的固定的——小學生僅係大學生之雛形，大學生亦不過初步的成人。近年以來，研究教育及心理者始知其不然。人生在世實可分爲若干時期，每個時期各有其特性。時期之大別約如左：

一、兒童時代——自入世至十二歲左右即最初十二年。

二、少年時代——自十二歲至二十四歲左右即次十二年。

三、壯年時代——自二十四歲至五十歲左右即次二十餘年。

四、老年時代——自五十歲至逝世即五十歲後之餘年。

兒童時代爲受基本教育之時代，少年時代爲受高深教育之時代，壯年時代則除未曾受教育者或受補習教育外，一般人多已在社會中任事，至老年時代之人或猶在社會任事，或已告隱，受任何教育之機會均少，故本章所述，於兒童時代爲最詳，次爲少年時代，餘則從略。

兒童學研究史

兒童之研究，近數十年始爲教育家及心理學家所注意，今則已成爲一種專門科學，稱爲兒童學（Paidology）。

最初注意研究兒童者爲裴斯他洛齊（年代見前下同）繼起者爲福祿培爾。福氏首以爲兒童生長至成人爲繼續不斷的活動，故兒童當有游戲，蓋遊戲實予兒童不少學習之機會。近代之小學教育可謂由裴氏立其基礎（見後）。福氏更創幼稚園，並發明玩具及遊戲多種（見後）。前乎二氏之盧梭嘗倡兒童不應模仿成人之主張，其所著之愛彌兒，卽本此說，一反當時之教育方法，惟盧梭僅爲理想家，未嘗實行。首先研究兒童之行爲，不以成人爲標準而以兒童之幸福爲鵠者，則裴福二氏也。

自後德之心理學家泊來爾（W. T. Preyer 一八四一——一八九六）於一八八一年嘗觀察其子自生後至三歲時之發育狀況，一一筆之於書凡二大册。而美之心理學家霍爾（G. Stanley Hall 一八四六——一九二五）亦着手研究兒童學。一時門徒甚衆，兒童研究大爲盛行，關於兒童研究之書報出版者頗多。中國研究兒童學者當推陳鶴琴氏。陳氏留學美國，卽研究兒童心理，歸國後任東南大學兒童心理功課，結婚後擧一子，更加以實地觀察，復設一幼稚園以供試驗，近本其心得作二書，一曰家庭教育，一曰兒童心理之研究，他日對於兒童學之貢獻必尤多也。

兒童時代之分期

吾人若將兒童時代更細分之則又可得（一）嬰兒期——卽自生後至一週歲止，（二）孩提期——自一週歲至三週歲止，（三）幼童期——自三週歲至六週歲止，（四）長童期——自六週歲至十二週歲止。

嬰兒期雖僅一年，然此一年中身體及心智發達之程度，實非常可驚。自身體一方面觀之人生生長最快之時期爲第一年，蓋一週歲時之小孩較初生時實大三倍。關於手足耳目等機關之發展均有可驚異之進步。人之初生，幾完全不能動作，至一週歲則不特可移動身體四肢，且能玩弄物件，甚或倚他人而行動及攫取玩具。初生後之行爲毫無意義或目標，至週歲時一切行爲皆大有意義及目標。例如哭泣，初或因餓或因冷——一種感覺不安舒之反動，未嘗含有要食物或要人抱之意義及目標，後則不然，哭泣成爲有意義或目標的。西人在此時期，卽開始養成兒童各種習慣，如食有定時及雖哭不抱等。心智一方面除種種行爲成爲有意識外，漸知認人，辨聲，及討人歡喜等，各感官亦漸靈活。甚且開始有模仿及假笑假哭等行爲……。此時期之兒童，猶在襁褓之中，尙無正式教育之可言，惟宜養成若干好習慣耳。

說話與走路

孩提期亦可稱爲模仿期。此時期中關於身體一方面，身長及體重均繼續增加，心智一方面除模仿外爲學說話。於身心均有關之重要發展爲走路。說話之重要，人皆知之。走路在吾人觀之若不甚重要，然就兒童本身言則非俟各部筋肉發育至强健適度能聯絡合作更經長期之訓練，不能有此種行動；且昂首舉步實爲人生獨立之起點，人與禽獸最不同之行爲亦卽在此，故於心智發育之關係甚大也。心智發展之最顯著者爲模仿，凡成人之一切舉止行爲言笑莫不模仿，惟模仿不

模仿之意義

到處，成人萬不可勉強之。此種模仿不過為身心活動之方法，藉以得練習之機會而感愉快而已，且所模仿者多為行為之表面，至實際的意義及各種附屬之情感並不發生，也不了解，為父母兄長者不可誤以為兒童之模仿行為與所模仿者相同也。在此期內，兒童漸知自身與他人及他物之關係，但仍不能十分分別，常因他人有痛苦而自覺痛苦，他人有快樂而自覺快樂，故他人在兒童前之一切行為均宜注意。至彼自身之行為，往往因成人之褒貶而定進退，為父母兄長者，可不慎重而因勢利導之。此時期中，兒童能學之事物甚多，然一方面固宜給予學習之機會，一方面而不可促之太甚，或勉強之。正式教育尚不能開始也。

「我」的觀念

幼童期亦可稱為獨立期，行動固可自由，思想也漸獨立。大約在上期之末或本期之初，漸有「我」的觀念，漸將他人與自身分開。分離之手續，初將路人與家中人分，繼將家中常在一處與不常在一處者分，終將日夜親近者與自身亦分，此手續大約在三歲左右完成。「我」的發生實人生一大事，自後漸知他人之苦樂非自身之苦樂，且漸有關於財產之觀念，某物或身體某部屬於己，簡單之人生觀亦因而發生。甚或因此而不願與他人來往，如父母或保護人得其信用，則仍親近，否則往往性成孤僻，於身心發育上頗爲不利。且因獨立之心發生，若無適當之伴侶，往往有想像之伴侶或對象，想像的遊戲亦因而發生。在此時期常好說謊及有種種反抗行爲，父兄對之一方面須嚴厲，對於某種習慣及觀念必須養成，一方面須使其有自動及發表能力之機會，欲二者得當，頗非易學。且宜常令有事做，身心不閒而常感覺快樂。但做事結果，不可用成人標準評判之，蓋兒童非成人之雛形，若以成人之標準定兒童工作之優劣則誤矣。記憶力在此期內亦漸發達，此期中之深刻印象，往往終身不忘，而此期前之事能追憶者甚少。且因想像力及記憶力强之故，往往想像之事物及夢見之事物與眞事物無從分辯，故記憶往往不能自主。此時期之兒童見聞漸廣，經驗漸富，於是漸能推論，漸有概念，爲心智上極大的進步。此期兒童或入幼稚園或仍在家，部分的正式教育約於此時開始。數目，文字及各種常識均漸學習。

長童期亦稱社化期，蓋此期中好伴侶而有種種羣性的游戲，因與人接觸而得

初步團體生活

之益不少。因與人合作，漸知個人行爲與大衆生影響有關係，漸了解團體生活之需要及性質。復因羣性遊戲而生競爭心，同情心，服從領袖心……等。此時期應多與其他兒童往來，但伴侶當加以選擇，選擇之事可由父母爲之，不宜令其覺察爲妙。此期之兒童在一處時，自生領袖，做領袖者富於自動力，自信力，且必爲人信服，否則做不成領袖。其具有領袖資格自爲大衆推戴。在團體生活之中，兒童彼此往往監督甚嚴，甚至有種種規律，此種規律之成立，多出於一時興之所至，然效力頗大，犯者必受公衆責罰。此種生活，若能因勢利導，於敎育上頗有幫助。兒童之感覺在此期內亦大有進步，有時比成人猶爲靈敏。觀察力亦漸進步，各種簡單之測量方法漸爲明了。想像漸爲具體，當使其與實物常相印證。創造的想像也漸可能，推論力漸豐富，概念亦漸多而能應用。抽象的思考在此期之末漸發生。一己的意志漸堅强而可自主，做一事往往非成功不放手。此時期爲正式敎育基礎時期，於一生極爲重要，施敎育者幸勿以等閒視之。

少年時代之研究，嚴格言之，亦屬於兒童學範圍之內。兒童心理學家霍爾，即極注意少年時代之研究，嘗作青年（Adolescence）二大卷，至今猶爲名著。

少年時代之分期

少年時代居於兒童時代與壯年時代之間，其特徵爲情慾發展。若細分之，又可分爲（一）青春期——自十二歲至十八歲止，（二）成熟期——自十八歲至二十四歲止。又有人平分青春期之六年爲二，稱爲青春前期與青春後期者。

青年營養得當之重要

青春期中身體一方面發生變化甚多，尤以前期爲顯著，不獨身體突然加長，且各部之比例與關係皆生變動。在此期內若營養得宜，其發育之程度實堪驚異，心房及肺量骨幹及體力均大增加。內部各器官也大變化，最顯著者爲生殖器。男子之聲帶亦生變動而發聲不同。惜中國之少年在此期內往往營養不得其當，結果身加高而體不加重，心肺及體力亦不能儘量發展。精神方面，與性慾相關之情感作用亦大有變化，不獨對於異性之態度不知不覺爲有意識的改變，即崇拜英雄之心亦大盛，作事以勇敢爲榮。在青年前期之少年，往往願犧牲一己爲團體謀幸福，至後期則漸覺過於犧牲之不值得，且年紀漸長，關於自身之問題發生甚多，不得不謀解決之道。青春期中之少年，往往對於自身大加懷疑而審查之，因此舊習

人生之再造

餘力之善用

慣棄去者甚多，新習慣建設者不少，故有人稱青春時期爲人生再造時期。關於朋友及職業之選擇，成爲大問題而盤旋於心中不已，以前之知己朋友，可成爲路人，擇友漸有標準，不似從前之隨便矣。種種嗜好及性癖往往於此時期中養成或種因，故青年期於道德人格之陶冶，大有關係。且往往因身體之發展，餘力頗多，不善用之，或任意發洩，或用不得其當，或誤用而遺害終生……。復因崇拜英雄心之盛，往往志願甚大，看事甚易，自負甚高，作種種之夢想，不暇問細節也不拘小節。個性之發達可謂達於極點。此時期之施教者，對於兒童之身體極宜加以注意，一方面當予以適當之營養品，一方而導之以適當之運動以發洩其餘力。對於兒童心智之發展，當作種種之指導，使入正軌而不致誤用或濫用。此時期內男女之發育，每有先後，女子多較男子爲先，性知識初生，男女間極易發生誤會而引起反感，在男女同學之學校，任教師者不可不留意而善爲指導之。青年前期之男女，分校較同校爲好，分班較同班爲好，但若因經濟的關係，同校同級亦無不可，惟賴教師善於管理耳。

成熟期之特徵

成熟期在青春期之後，在此期內漸將青春時的衝動歸納於正軌。身體一方面，身長體重及各器官之發育漸達於一中止點，且亦各得其所，不致如青春時之不知如何應用矣。精神方面，感情作用漸爲下沉，知識漸有系統有成就，抽象的理想亦漸達於完善的境地，做事漸有條理，而不好高務遠，人生觀漸有定，或自成一派，且多終生不改。多數人至此時期內，心智一方面之進步達於止境，但有人仍能穩健求進，日臻完美，或更求專精。

壯年及老年時代

二十五歲後，乃入壯年時代。自二十五歲至五十歲爲事業成就之時期，身體及精神兩方面除受特殊之刺激外，均少强烈之變化，不過因環境之關係及自己之願望而漸有進益。至五十歲則漸入老境，身體一方面有退步之徵象，心智一方面亦不免遲鈍，少有新事業發生矣。

個別

上面所述之各期分法，各人自不能皆同，僅就一般立論而已。卽以身長之速度而論，極少二人相同者。試聚任何同一年齡之兒童在一處，身體之高度必各各不

一

例如有人調查一千一百七十一個十六歲之女孩高度，其結果如下：

身長（糎 cm）	人數	百分數
一三六——一三九	二	〇、二
一四〇——一四三	一二	一、〇
一四四——一四七	五四	四、六
一四八——一五一	一五九	一三、六
一五二——一五五	二八〇	二三、九
一五六——一五九	三一〇	二六、五
一六〇——一六三	二一八	一八、六
一六四——一六七	一〇二	八、七
一六七——一七一	三一	二、六
一七二——一七五	二	〇、二
一七六——一七九	一	〇、一

此種分別不獨身體之高度有之，一切身心各方面皆有之。以體重而論，有高而肥者，有高而瘦者，有矮而肥者，有矮而瘦者。以性情而論，有好動者，有好靜者，有性急者，有性緩者。以智力而論，有聰明者，有愚魯者……俗云人心如面，面面各不同，身心各方面又何一相同耶？此種差異，在心理學中稱爲個別。

差別之三大因

發生個別現象之大原因，約有三種：

一、根於遺傳或先天者，

二、根於環境或後天者，

三、根於訓練或敎育者。

以上三大原因之後二者，後數章中當申述之，今先論第一原因。

吾人之身體髮膚，受之於父母，而父母以上又有若干代之祖先。吾人身心上一切性格受遺傳上影響者比比皆是。例如身高之父母，其子女亦大都身高，聰明之父母，其子女亦大都聰明……。惟父母之身雖高，其祖先未必個個身高，照遺傳學上言之，因身高之一種特性表現，身低之一種特性潛伏，故雖父母之身均高，然將來子女中必有若干人因潛伏之身低特性表現而身低者，不過身高者與身高者結婚後，其子女必身高者多而身低者少。

蒙台爾律

奧國有名之遺傳學家蒙台爾 (Mendel) 曾由試驗而發現一定律。照此定律言，凡身高者與身低者結婚，大約四個子女中有一個身頗高，一個身頗低，而兩個則身材中等。惟此定律應用時不可呆板，蓋人類各種性格有極複雜者，變化亦甚多也。身高一性格，比較的簡單，身重即較爲複雜，最複雜者莫如智力，其分子之多，尚無人能一一分析，故其變化亦無從測定。且各種性格多受環境及訓練之影響，故變異現象，尤複雜而不易究詰。

種族差別

身心各種性格在遺傳一方面，除受祖先及父母之影響外，各民族亦各有特性，即所謂種族的遺傳是也。惟據現代心理學家之研究，種族間心智一方面之性格差別實甚小，一種族中各人天賦之差別，每數倍於種族間之差別也。

性及年齡差別

性格之差別根於遺傳或先天者除上述各原因外，尚有根於性及年齡者。性差別在身體一方面較著，如女子身較低，體較輕等，心智一方面之差別尚無定論，惟因機能之殊，性格上必有若干之差別，如男子好爭鬭，女子好撫育，男子性急，女子有耐性，……等。不過此種差異，是否全根於天性，抑若干部分由於環境及訓練所促成，尙係懸而未決之問題。年齡與各種性格之影響，已詳述於本章之首，惟同一年齡之人，其身心之發育，速力亦各不同，女子之青春期早於男子，前已言之，卽同爲男子或女子，有至壯年，猶有稚氣者，有在童年，其思想行爲已如成人者。依照先天之遺傳而自然發育，本亦有先後，此固無礙，若以環境或訓練之關係而早熟，殊非所宜。況心智早熟者往往用心過度而不注意身體之發育，其結果每有「紅顏薄命」之感，施教者幸善爲導之。

遺傳之重要

吾人若將差別之三大原因比較之，則遺傳實最重要，此所以不厭詳述之也。蓋一人先天所遺傳之身心，猶如商人之資本，若先天所遺傳之身體係瘦弱，則不論環境及訓練如何合於理想，殊難變爲强壯，又如先天愚魯之人，雖與以充分之良好教育，未必能變爲大智。反而言之，聰穎之兒童，若環境不良，或無受相當教育之機會，或不能充分發展其才智以致辜負其先天所遺傳之心智。

教育之任務

無論何人能將其先天遺傳之身心各種特性，儘量發展者甚鮮，蓋處於今日世界而能得理想的環境及訓練者，實爲夢想。吾人自幼而壯而老，孰能全免疾病？孰能時得充分之營養？身體不能充分發展，心智又何能儘量日進？即有理想的環境矣，誰又能終身無憂無慮？當學習時學習，當遊戲時遊戲，當休息時休息耶？理想之環境固不可得，即處於今日環境之中，能充分利用此不完美之環境者又有幾人？教育之任務，即在可能範圍之內，供給相當之教材與方法及近於理想之環境等，此義留待下列數章詳述，在第三章中先討論學習之性質。

本章參考用書：

兒童學　日本關寬之著　朱孟僊邵人模譯　商務印書館
兒童心理之研究　陳鶴琴著　同右
青年四大問題　作者著　中華書局
教育心理學　廖世承編　同右

教育概論　三〇

應用心理學　美國 Hollingworth 及 Peffenberg 著作者譯　商務印書館

The Individual in the Making by E. A. Kirpatrick, Houghton Mifflin Co., New York, 1911.

The High School Age, by Irving King, Henry Holt Co., New York.

Waddle, C. W., An Introdretion to child Psy., Houghton Mifflin Co., 1918.

Growth and Education, by J. M. Tyler, Houghton Mifflin Co., Boston, 1907.

第三章　學習與遊戲

學習與游戲之異同

前章述及人之初生，無知無識，動作亦毫無系統，毫無目的。自生後以至長成，一方面根於先天遺傳之各種傾向，一方面受後天環境與訓練之影響，身心日見發展，而藉以發展者則學習與游戲是也。

自理論上嚴格言之，學習與遊戲實無區別。惟自普通一般人之眼光視之，每以爲學習係獲得知識技能之正軌，游戲則不過一種消遣方法，至多不過於身體之發展或有益耳。且因舊日教法，多不合於兒童心理，故兒童每視學習爲苦，游戲爲樂，號稱優良之兒童亦多以爲學習乃應盡之義務不得不從事，而游戲則爲彼等之權利毋須成人獎勵，遇有機會卽從事於茲。若成人而好遊戲，則每爲兒童及社會所訕笑。殊不知吾人自遊戲中學得之知識技能不知凡幾！未正式受教育之先，兒童學習之途徑幾全賴遊戲！今日之教育家甚且有主張將一切功課游戲化者，吾人討論學習問題，焉能不一論及游戲！

活動之天性

學習與游戲之出發點，由於吾人——尤其是兒童——之天生好動。凡精神在常態之下，除睡眠休息外，身心一切，無時不活動，此蓋人類之天性。此種天性之發展，由於吾人所處之環境中一切事物，時時刺激吾人之感官，因而發生種種反動。

刺激物與反動

最簡單之反動，如目視强烈之光，瞳子卽不自主而縮小。最複雜之反動，如見龐大有毛之動物而生畏懼之心。最複雜之反動如遇一疑難問題能引起極深長之思考。至刺激吾人反動之事物，非必來自外界而亦可來自吾人內部，如腹餓思食，某種記憶引起若干情緒等。

快感與不快之感

吾人猶有一種天性，卽除極簡單之反動外，不論何種反動均附有快感或不快之感。如味甜之物入口有快感，味苦者卽不快等。此種快感與不快之感有根於先天者，亦有根於後天之環境與訓練者，後者如湖南人或四川人之愛吃辣椒，鄉下女子之好穿紅綠衣袴等是。此種快感與不快之感實與學習有莫大之關係，凡對某刺激物所生之反動附有快感，則吾人願再遇此刺激物，且一遇之卽引起反動，久而久之，此刺激物與此反動，便牢結而成吾人所謂之習慣。反之凡某種刺激物

學習之根本原則

引起反動時附有不快之感，則吾人自後必設法避免之，難成習慣。當吾人未明此種原理之時，以爲學習某種知識技能，當問其是否有益於吾人，而不問其生快感與否。此種學習在成人若因欲達遠大之目的盡力爲之，或可有成，然亦必事倍功半。若令兒童爲之，則兒童每以不合其所好而感痛苦，卽有所成，費力大矣。

邇來教育心理日見昌明，吾人既明此理，則凡欲兒童學習某種知識技能，必先設法附以快感，而後兒童自願複習，可奏事半功倍之效。此種學習實與游戲無以異，而世上許多知識技能，若能利用游戲因勢利導，兒童皆可獲得且感快樂。關於遊戲之爲教育家所利用，後當再述，今姑一論學習之性質。

吾人初次遇一刺激物而引起之反動，除極簡單者外，往往不甚正確而需時頗久。後以此種刺激物屢次引起吾人此種反動，乃漸正確而敏捷。例如學認中國字，見字而識音義，初認時每不正確而需時頗久，設初認一字需時一小時，次日再認之則僅需半小時，再次日僅需十分鐘，……最後一見卽識。又如兒童遊戲時在地上練習拍球，第一日能連拍七次，第二日能連拍十二次，第三日能連拍十五次，第

學習曲綫

四日能連拍十八次，第五日能連拍二十次，……等。若將此種現象以圖表之，則約

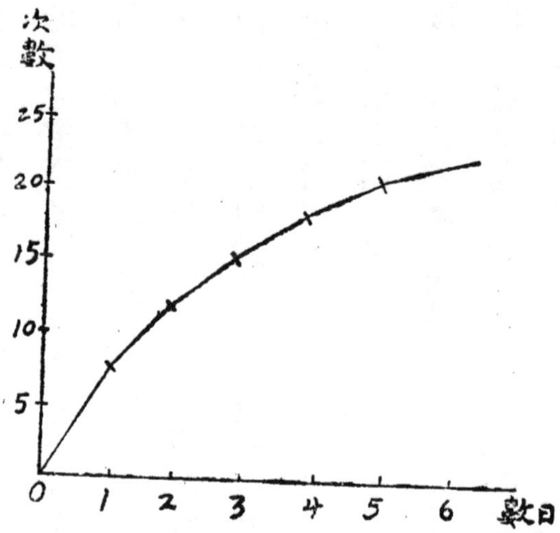

如上圖。表示此種現象之曲綫，吾人稱爲學習曲綫。惟不論何種學習，每日之進步不獨不同，且有時中止不進，有時或竟略有退步。例如拍球拍至能連拍至三十次時，次日或祇能連拍二十九次，又次日則又能連拍三十次，以後或又逐漸進步，至能連拍五十次者又數日不進……等。此種停頓不進之現象，在學習複雜之技能時，更爲顯著，如習外國語，初習單字時往往日有進步，至由單字進而造句之時，則

停頓不進

往往停頓不進甚久，然後造句又有進步，但由造句而進至作短文之時又停頓甚久……。上述偶而一二日停頓；或因一時疲乏，不注意，身體不適，……等，至長期之

停頓則因學習時遇有困難由小單元進於大單元之故此皆學習時常見之現象，當此進步停頓之時，施教者宜予受教者助力鼓勵使之前進，並說明此種停頓非彼之能力已發達至於極點，乃學習上之普通現象。若更以圖表明其進步之成績且與他人比較，使感興趣，則彼不致自餒而能努力前進矣。

學習時之要點

不論何種學習，欲使學習之人感興趣而進步速，吾人當注意下列數點：（一）需要——凡一種知識或技能欲令受教者學習，施教者必先令其感此種知識或技能之需要，庶彼熱心努力去學而使進步甚速；反之若彼莫明其妙，盲然爲之，必覺乾枯乏味，而鮮進步。（二）明了——學習之時，必使學習者對於所學之知識技能有明確之觀念，知所學者爲何點，何者最要，何者次之。年幼之兒童，徒用口頭解釋，或不易明了，更須先做一番，使彼旁觀，俾充分明了一切手續，則學習時必易生興趣而有進步。學習之時，錯誤與正確之動作當一一指明，俾知何去何從，則進步易增。（三）專注——「一心以爲鴻鵠將至」者不論學何事，必學不好。學習之時須使學者專心注意，方易得益。凡環境中足以擾亂心思之刺激物皆須設法避免，實不能避免者，當使學者取不聞不問之態度。此種專心注意之獲得，最好用快感之方法，使所習者有興趣，則受敎人自然注意。凡施敎時對於兒童無論何種學習，必使其專注，此種專注之習慣，應爲各習慣中最早養成者之一。若不及早養成，終身受累。(四)復習——不論所習者爲何，學習將成或已成之時，不可放棄，必使常有復習之機會，否則必易退步而前功盡棄。年幼之兒童往往好新奇而無耐性復習。複習而不使習者乏味，實一難題，而爲施敎者所當努力解決者也。勉强而不專注之複習，往往有害而無益。

各種學習

吾人所習之事物，種類雖多，要別之有下列數類：(一)習慣，(二)知識，(三)技能，(四)觀念，(五)態度。

習慣與技能

習慣與技能，根本原理上，無大區別。習慣不過較技能爲簡單，而常爲複雜技能之小單元，如認單字，見「大」字不獨知其聲，並明其義，可稱爲習慣；而讀書則爲一種技能。又如見3×5則立知答數爲十五，亦可謂之習慣；而加減乘除則皆爲技能。惟技能非僅集若干習慣即可成，必更組織此若干之習慣使成系統。此則不獨於心智一方面如是，身體一方面之技能，如各種遊戲及運動皆然。例如打球之技能必賴於眼的反動與手的反動及身體各部肌肉之合作而後有成，且往往無從分析爲小單元而一一先事練習。故技能有能分析爲習慣而一一學之者，有不能如是者。

知識及觀念

知識及觀念，根本原理上，亦無大區別。但知識及觀念與習慣及技能則大不同，蓋後者之結果，表示於行爲或動作，而前者則不然。知識爲觀念之初步，通常所稱爲知識每包括觀念。狹義言之，知識乃知而識，卽某事某物達於感官，而識其爲何事何物。觀念則積知識之經驗不必經感官卽得者也。例如吾人見一黑而小之動物有四足及各器官，知其爲狗，爲某種之狗，或聽見某種聲音知其爲狗吠等。此知識也。又如有人言狗或描寫某種某形之動物，則得「狗」之觀念。不論知識或觀念，均由經驗而正確，初次者每莫明其妙，必待人教或推論或觀察而後有此知識，再進而具此觀念。例如天空中起烏雲，知其爲將下雨之兆，然兒童初次見之，未之知也。幼稚之兒童必待人解釋而後知之，甚或雖解釋尚不明了。或推論或觀察其結果，始知之；此項知識既具，始可有此觀念。

態度

態度與前四者皆不同，較前四者皆更抽象。如好清潔乃衛生上一種態度，必積若干具體之習慣而後具之。又如誠實則爲道德上之態度，必賴若干具體之事實始可表明。有禮貌爲社交上態度，亦由若干具體之動作而定。年幼之兒童思想尙不能抽象，故態度之養成較難。然態度之小單元每爲具體的，凡希望兒童具某種態度，必先養成關於此種態度之小單元。

上之所述乃學習之性質及種類，至如何學習及何者當學等等問題，後再詳論。茲再討論游戲在教育上之價値，冀一矯正社會對於游戲之錯誤觀念及態度。

天然學習法

游戲乃一種天然學習法，兒童自游戲中所得之習慣技能知識觀念及態度不知凡幾。身體上之習慣及技能能於游戲中獲得，固無待言；某種知識及觀念之獲得如球之彈性，自然界各種現象，皆可從游戲中得來，而社交上許多態度及觀察力之養成賴游戲之處更多。一般人以爲游戲僅耗精力費時間，卽使無害未必有益，誤矣。

遊戲在教育史中之位置

教育家注意遊戲者，首推英人洛克（John Locke 一六三二——一七〇四）及法人盧梭（見前）。洛克提倡鍛鍊式之教育，以爲身體不可太愛惜，必受種種訓練始克强壯。「健全之心智寓於健全之身體」洛克之言也。盧梭則主張自然主義，以爲兒童不可仿傚成人，當聽其自然發展，故對於遊戲極爲重視。兒童之自然動作不可爲帽，帶或纏身之衣服所阻撓……當學游泳，跳高，跳遠，跳牆，登山等技。

惟遊戲成爲教育之一部分則近年事耳。關於遊戲之提倡以美國爲最，而美國之設游戲場乃近三十年內之事。至歐洲各國雖有各種角技及健身術，如古代希臘之運動及競技，中世紀之武士道，德國之軍事式訓練，瑞典之柔軟體操與法國之決鬪等，或爲防身或爲衞國，皆非爲游戲而游戲。中國之拳術亦有深長之歷史，然其性質亦同。雖邇來學校中多採上述各種技能爲課程之一部分，藉以强身或爲軍事教育之預備，非眞正之游戲也。

自盧梭以爲吾人對待兒童不當如成人後，教育界中人大爲感動，初則對於兒

西人對於游戲之態度

童之游戲不加干涉，繼則贊助，終而爲特設游戲場。美國之初設遊戲場也，不過感兒童無適當之地方足供遊戲，此種態度已大改舊觀。後且覺悟遊戲實一方面消極的可使兒童發洩餘力不做壞事，一方面積極的且可灌輸知識，強健身體，及養成公民道德等等。因而對於遊戲有種種之組織及研究，至於今日，遊戲之指導及遊戲場之建築皆成爲專門學術，每年費於遊戲之金錢凡數百萬，可謂盛矣。

國人對於遊戲之態度

我國近年以來對於體育雖亦提倡不遺餘力，各省且有設公共體育場者，然成績猶不見佳，其故半由於社會之態度未改，半由於缺乏專家爲之指導。況所提倡者尙多爲競技式或選手式者，普及式之體育僅一二學校中有之，至爲遊戲而遊戲尙未之前聞。

遊戲之提倡實非難事。地方不求寬大，但須平坦，設備更不求其精美。蓋遊戲在於精神而不在於形式。關於各種遊戲之內容，自有專書討論，且種類繁多，斷非本章少數之篇幅所可盡述。今且舉其要點如下。

遊戲分類

遊戲之屬於團體者約可分爲三大類：（一）表情的——即以表情或模仿之方

法使兒童於不知不覺之中活動身體，振作精神，練習機能等，並可使身體練成有一種受意志指揮之能力；(一)進行的——以輕快之步伐促進兒童全身之調和運動，可稱爲審美之運動，俾以養成一種協調之習慣，優美之情緒，端正之姿勢，優雅之態度等；(三)競爭的——在使兒童身體動作敏捷，精神旺盛，志意堅定，養成勇往直前之精神，並增進思想果斷，注意觀察等能力。至結果爲勝爲負，勿太重視之。此外尙有各種個人的遊戲，種類更多。

今後之方針

吾人對於種種遊戲不獨當在學校中提倡，學校以外亦當鼓勵，鄉間固易實行，都市更宜有所組織，且都市之人應常至郊外旅行及行野外生活。尤須依人生各時期行各種之遊戲，如兒童時代以表情之遊戲爲感興趣，少年時代則進行式及初步競爭式者較佳，壯年時代則各種複雜之個人或團體的遊戲均可爲之，惟表情及進行式者恐致乏味。

人類自文化進步以來，生活極不自然，與天然接近之機會頗少，都市生活，空氣尤爲汚濁，於人身體之發展殊不合宜。邇來西人極力提倡野外生活，有一種返自

野外生活

然的運動，遇有閒暇，卽至鄉下野居（Camp），兒童至暑假中亦多向田間去，大規模之野居組織甚多。及至野外，除去一切拘束，拋棄種種陋俗，日出而作，日入而息，所作者無非是游戲，休息多在露天空場，或略有篷帳。日間居山者多事奔波，臨水者多事游泳，飽吸新鮮空氣，更觀察天文，學習地理，及獲得自然界中種種知識，身心兩方面所得之益，一言難盡。

西人開化較遲，返自然較易。中國之文化發達較早，歷史較長，一方面輕視游戲，一方面以文雅自命，不願返自然。卽至鄉間或避暑海濱，亦長袍高冠，深居簡出，手怕弄汚，皮怕晒黑；有時數人相聚，仍談玄理；故不獨保守心重，身體亦壞，而自然界最膚淺之常識，毫無所知，至自然界中，手足不知所措，遑論駕御及利用乎？

態度之改變

吾人所以於此點不憚申論，或過於描寫者，蓋非徒一般社會習俗未改，卽教育界中人大多數亦不免抱此種態度。吾人必先自覺，而後可以改變社會一般之態度。近來教育上別種學說，或運動，皆有人提倡，獨遊戲之重要，返自然之運動，尙少有所聞，故吾人於本書之首，卽論及之，幸閱者勿以爲言之太甚也。

童子軍史

在本章結束以前吾人尚須論及一事實與學習與遊戲有莫大之關係者，即童子軍是也。

童子軍首創於英國少將培登包威（Robert s. s. Baden-Powell 一八六〇——），第一團童子軍成立於一千九百〇七年，法美繼之，今則已普遍全球。一九二〇年倫敦曾開萬國童子軍大會，與會者頗衆，惟中國尚未遣代表參與。至前年丹麥復開萬國童子軍大會，我國童子軍與會者凡五人，雖未獲大獎，已博得外人之稱道及贊許。

中國之童子軍

我國童子軍最早成立者爲上海工部局所設之華童公學，時在民國元年，次年上海靑年會亦辦一團，此二團之口令及教練純用英語，故此時之童子軍尚未能稱爲中國的。自後由江蘇省教育會提倡，華人自辦各校亦多組織童子軍，幷用中文口令。該會復於民國七年及八年開辦童子軍教練員傳習所，請教育廳行文各縣派體操教員到所學習，經費亦由各縣分任，成績頗佳。議決各師範學校均添授童子軍教練法一課，於是江蘇各縣均相繼仿辦，除上海外，以無錫團員爲最多。同時廣東各校，亦仿香港之辦法創設童子軍，其他各省組織童子軍者，接踵而起，直隸，浙江，湖北，湖南，江西，安徽，福建，河南，山西等省皆設有童子軍，約計全國之童子軍現已達五千團，猶方興未艾也。

最近吾國童子軍事業有二事足記者，一即福建集美學校海上童子軍自駕小輪航海赴滬，開海上童子軍之新紀元；一即上海南洋大學童子軍赴日參觀，頗引起國際之好感，可稱爲童子軍之推廣事業。

童子軍之利益

童子軍利用兒童天性，寓學習於游戲，德智體羣四育均於無形中並進。入軍者均須遵守十二信條而實踐之。凡入軍及升級均須經過嚴格考試，所習者多爲一般功課中所無而極有實用者，其價値可以想見。廖茂如先生嘗論童子軍訓練之優點如下：

一、發揮天賦本能，養成善良的品性，

二、適應兒童的心理，利用兒童的餘暇，俾隨時有學習常識常技的機會，

三、練習人羣服務，以建立青年高尙的人格，

四、鍛鍊體格，養成健全的國民。

（見中學教育第三五七，三五八頁）

特點 童子軍之特點，除其利益如他種遊戲外，更可養成組織力，互助心，及犧牲一己為他人服務之精神，而茲數點適為吾國人所最缺乏者，故童子軍在我國提倡，實為對症下藥。

方針 吾人對於童子軍之提倡，在橫的方面當使量的增加，初中及高小各校應列為必修科；在縱的方面，當鼓勵已習童子軍者終身守其信條，習其技能，此則在外國已有此傾向，中國青年年長後，即不願再做童子軍，殆仍受舊觀念之影響。童子軍不獨自身有種種利益，且可為正式軍事教育之預備，其形式不亞於軍隊而精神猶過之。平時受童子軍訓練者，一遇戰事發生，經短期之訓練即可衛國矣。邦人君子幸勿以游戲視之。

本章參考用書：

教育心理學　廖世承編　中華書局

教育心理學大意　美國 Bagley 及 Colvin 著廖世承譯　同右

The Educative Process, by W. C. Bagley, Mac Millan, New York, 1915.

應用心理學　美國 Hollingworth 及 Peffenberger 著作者譯　商務印書館

遊戲專論　治永清編　同右

Education thru Play, by, H. S. Curtis, Macmillan, New York, 1917.

The Play Movement in the United States, by C. E. Rainwater, University Press, Chicago, 1922.

Education by Plays and Games, by G. E. Johnson, Ginn and Co., 1907.

第四章　環境與衛生

第二章中，曾述人之智愚賢不肖，原因有三：即遺傳，環境與訓練是也。關於遺傳之原理，吾人已於該章中略論及之。以遺傳之方法增進人類之身心，乃優生學事，今姑勿論。教育事業則係以已生在世之人（不論其先天之心智如何）爲起點，使之充分發展。關於發展之原理已略述於前，至用以發展之教材，方法及制度容後詳論。今且一談環境。

環境分類

環境之義雖甚廣，大別之可得三種：即（一）房屋，（二）衣服，（三）飲食是也。房屋指施教之場所而言，即通常所謂校舍。關於校舍之討論可分爲數點：（甲）地點，（乙）建築，（丙）內容。

校舍地點

校舍之地點以面積大空地多者爲宜，至地基之高低，鬆緊，乾濕，亦關重要。低，鬆，濕，之地不宜設校，幾人人知之，惟空地多少注意者較少，故特提出一申論之。吾人在前章已述及遊戲之重要，遊戲必需空地，故空地愈多愈好。不造房舍之地，稍低

空地之重要

還不妨，但亦不可鬆而濕。鬆而濕之地，不論建舍與否，均宜設法早爲補救。空地既多，若能四周多植花木，或以一部分充校園則更佳。惟與其無遊戲用之運動廣場，不如無學校園，萬不可將空地盡植花木。遊戲場不僅是操場僅爲體育功課之用，且當任兒童隨時用以游戲，並儘量用之。若校中無專爲遊戲用之廣場則各院落皆當利用，或在校外附近租一方地專供學生遊戲之用。

校舍所在之附近地不可太嘈雜，或有不合衛生及分心之所，故不宜近工廠，化學氣質製造所，垃圾及污水堆積所，及戲園茶樓酒館之類。

校舍之建築

校舍之建築問題在中國尚談不到。除少數學校經濟力能自建校舍外，大都借用或租用廟宇民房，公所，官舍之類。處於今日經濟困難之時代，但求房舍可用足矣。若有相當之廟宇公所或官舍，當較民房爲適用，蓋前者大都寬爽高大，院落亦大，光綫空氣較好。教室以面南之屋爲佳，面東西者次之，面北者最好不用，蓋無日光射入之室較不合於衛生也。光以自學生座位左方或上方射入者爲佳。窗之面積最好佔全室面積五分之一以上。本來窗太小或不足者宜改造之。

一 建築上應注意之點

校舍若能自行建築，則在未建以先更宜審愼，蓋建之不當反不如租借也。建築時自以請敎建築專家爲宜。今且舉普通原則若干條如左。

（子）西式房屋較中式者爲便利，建築費或有時較大，但油漆費及修理費却較省。

（丑）如各屋皆一面有窗，則全舍，勿向正南，使此屋東北向或西北向以便日光射入。

（寅）材料以磚石爲好，以便防火而能耐久。

（卯）房屋佈置及分配須能充分利用全舍及爲擴充之預備。

（辰）近黑板處窗不可太大，使光綫照黑板耀眼。

（巳）牆及地板不可太薄或多空隙，使隔壁或樓下聽見聲音及掃除不易潔淨。

（午）天花板不必太高，如無窗近天花板，上面空氣幷不流通，而建築費反增。

（未）一切形式宜簡單樸素。

校舍內容

校舍內容最重要者爲清潔，尤以廚房及厠所之清潔爲要。蓋此種地方每爲一

二層式之厠所

般人所忽視。廚房之空氣必須流通，以助清潔而除烟煤，厠所若能自建，最好用二層式，每層不必高能容一人直立可矣，下層置糞桶，上層置穿底馬桶，最易於清潔而合乎衞生。建築材料可用篾片上灰，折費有限。爲兒童用之馬桶不可太高口不可太大。

雨操場

經費稍裕之學校宜建雨操場，如有大屋如殿之類亦可利用，俾天雨時兒童有遊戲之所，逢開大會時亦可用之。

教室

教室之大小當視學生之多少而定。面積大約每生至少佔十五方尺。如僅一面有窗，則室不宜太寬，否則座位之不近窗者光綫太差。全室不宜太長，使後排學生聽講或看黑板有困難。黑板能用石板最好，如用木質者漆不宜太光，以免耀眼而不易寫。爲小學生用之黑板不宜掛得太高。學生桌椅之高低以合身材爲宜，以免有曲背彎腰等病。

講台及黑板

如教室不大，最好不用講台，講台不但使師生有隔絕之感，且易集灰塵，講台之下極難掃除，故新式教室多不用之。粉筆之粉宜設法不使飛揚，揩拭黑板及掃除餘粉時務宜注意，粉若滿屋亂飛殊於衞生不合。即黑板亦以少用爲宜。黑板不過是注入式教法之遺留物，將來恐亦將廢除。

衣服

關於衣服一層，可注意者有數點，試約論之。

制服及短褲

教師學生之衣服均宜樸素而清潔。除非來學之兒童家況非常清貧，最好着制服，不但身體上精神上較好，且貧富階級不至於太顯。制服以布料爲宜，式樣當求合於身材，便於游戲，不必過於講究。凡父兄願男孩露膝者，除北方冬令極冷外，可令着短褲。露膝便於運動，且使下體涼爽，不致早熟及易於受涼。惟父兄不願其子弟着短褲露膝者不必勉强。女孩自十歲起宜着裙，但亦不可過於太長。男女學生出外均宜帶帽，帽以盆式布製者爲佳。軍帽式者價或較昂，且不如盆式者能遮日光。衣帽裙褲最好一色，大約冬黑夏白爲宜。束帶處宜小，衣帽各處均不可太小，以免壓迫血管及阻礙發育。

飲食之重要

較房舍與衣服更重要而每爲一般人所忽視者，卽飲食是也。中國人對於食物化學素無研究，食物多不富於滋養料，復不求清潔，既鮮助生長，且易增疾病。一般人忽視此事，情猶可原，負教育之責任者萬不可不注意及之。今日各校中通學生雖多，然多在校午餐，即不午餐者，至少校中對於飲食的問題不可忽視，況尚有許多寄宿之學生乎？

滋養料與兒童

兒童正在生長之時期中，所需之滋養料特多，中國今日大多數之受新教育者，因於此時期中未注意於飲食或且經過疾病之苦，以致身體不強而精神不振，作事無成。今日一般學生每視至膳堂食餐爲畏途，常致不飽，不得已以零食補之，其有礙衛生自不待言。夫健全之精神寓於健全之身體，學生之飲食問題，負教育之責任者，豈可坐視而不顧耶？吾人對於飲食問題之注意，並非必須食山珍海味，但求其有益於身體可矣。故施教者不可不略知食物之種類及性質。

食物之種類以性質言之大別有三：（一）富於蛋白質者，（二）富於脂肪者，（三）富於澱粉者。

蛋白質

蛋白質（Protein）之爲物，簡言之，乃人身組織生長之原素，故在生長時代，尤宜多食富於蛋白質之食物，如蛋，乳，麵，玉蜀米，薯，及豆類等皆是。牛乳爲兒童最佳之食物，惜在中國不易得清潔者。雞蛋鴨蛋均各處皆有。麵，玉蜀米，薯及豆類等皆

極普通，惟不及蛋乳之佳

脂肪

脂肪（Fat）之爲物，簡言之，乃供給人生燃料之用。人之身心一切活動，皆賴燃料。求學時代之兒童，身心兩方面皆極活動，故不可不有脂肪類之食物，如乳，油，肉，及各種堅果——合桃，栗子，等——是。此種食物各處皆有，惟脂肪不及澱粉之易於消化，消化不良者不宜多食。

澱粉

澱粉（Carbohydrates）之爲物，簡言之，乃供給人生能力者，雖不及脂肪功用之大及耐時之久，却易於消化。富於澱粉之食物有糖及各種穀類，如米，麵，玉蜀米等等。此類均價廉而易得。

除此三種食物外，吾人尚宜注意者有二：（一）助消化之食物宜多食，（二）含生活素（Vitamin）之食物宜多食。

助消化之食物

同一富於滋養料之食物，粗者，有莖者較精細者助消化，生的食物（惟須清潔）較煮熟者好。惟除水果外清潔之生食物不易得，故以吃熟者爲妥，但不可煮得太爛，通常以爲爛者易於消化，殊不知消化機關愈不運用，愈易有消化不良之患。

水果外皮須洗潔，或用潔淨小刀修去。更有專助消化之食物如蔬菜，鹽及水等。在中國清潔之水不易得，宜煮沸而後飲，學校行政當局宜使煮水者熟沸其水，將沸而未熟沸之水，不能用為飲料也。茶以不飲為宜。供給多量之清水乃學校之責任。蓋水不獨助消化，且增體重，宜鼓勵兒童多飲。

飲水之重要

生活素

生活素之為物，猶無人詳知其特性。惟經專家研究，凡新鮮食物比陳舊食物（雖未腐壞）為佳。若吾人常食陳舊食物如罐頭之類，即不生病亦必易面黃肌瘦，精神不振，故食物愈新鮮愈好。尚有多種食物特富於生活素，如乳蛋之類，水果中以橘橙含生活素為最多。

中國人飲食通病

中國人飲水太少，飲水之習宜自幼逐漸養成。南部之人，食物以米為主，殊不知以含澱粉等而論，米不及麵。打白之米不及糙米易消化。中國人吃米太多，吃雞蛋蔬菜等太少。蔬菜中尤以豆類富於滋養料。人有以豆在腹中易發生氣質為戒者，實則若干氣質為助消化所必需，況豆類含澱粉及蛋白質乎？雞蛋以半熟最佳。簡單食法，即以生雞蛋置沸水中數分鐘，破而吸之可矣。

消化不良

一般兒童每有消化不良之患消化不良不獨易生疾病且阻身體之發育療治之法在一方面多食蔬菜水果雞蛋等易於消化及帮助消化之食物，一方面飲食及大便宜有定時。飲食有節且有定時，其重要人多知之。大便定時人多忽視，殊不知大便無定時往往有便秘及腹瀉等患，同爲消化不良之症候也。

大便

腹瀉之害，人多知其應治，實則便祕爲害不亞於腹瀉，兒童若有患之者亦宜早治。治之之法卽在一面多食粗礪食物如蔬菜之類以助消化，或多飲水及水果，使大便不致太乾，一面宜養成大便定時之習。大便每日至少一次，卽每日二次三次但非腹瀉實有益而無害。厠所必須改良使兒童願去，蓋便秘之習多由於厠所汚穢不願大便之故。倘有因空腹或食物太少而不易大便者，治法宜食前（非食時）多飲水，食時腹部稍用力，飽食後卽去大便，庶可成功。

食後之衛生

飽食後宜休息不宜運用身心。美國新式學校之無宿舍者，多備床於敎室，凡體弱而消化不良之兒童可於午飯後去小睡。體健者亦宜於飯後低聲談話，低聲唱歌，看圖畫，靜坐或緩步等，萬不可有劇烈之身心運動。

上課時間之久暫

至上課時間之長短，宜視學生之年齡而定。十歲以前每課二十分至三十分鐘卽足，十歲至十五歲可延長至四十分鐘，十五歲後可延長至五十分鐘。上午之半約十點鐘左右宜有一課或半課之時間游戲，下午游戲時間更宜增多。

洗浴

兒童身體之淸潔，爲教師者亦宜注意。經費較裕之學校，宜備一浴室。浴盆以瓦磁者爲佳，木質者不易潔淨。如不能備浴室，則可令每個兒童買洋磁面盆及大小毛巾胰子各一份，每三日至少擦身一次。擦時宜嚴閉門窗，冬日宜備火（如廚房較大，且淸潔而門窗可閉，可於廚房內行之）擦時萬不可着涼，卽夏日亦不宜開門窗。擦時先將小毛巾浸濕加胰子逐步洗身，水不可太涼或太熱，洗完一部卽用大毛巾擦乾至皮膚略紅爲止。擦完宜多着衣不可着涼，皮膚有時覺熱，非眞熱也。比外早晚刷牙及食後漱口之習亦宜獎勵。裏衣宜常換洗，外衣亦宜常曬。胰子及日光均消毒良物，日光更不費一文，勿忘利用。

身體弱者宜行日光浴。浴法擇風平日佳之時（初夏最好。）令學生脫去衣服一部分曬身體，曬了一部分再換一部分。每部分初曬時不可過五分鐘，習慣後時間可略增。如日光耀眼或而部怕曬黑，可以帽遮好。無論如何眼不可曬，致傷目力。日光浴不獨可促血脈流通，且能去肺病及他症。如露天太熱或怕風，可在有玻璃窗之室內行之。

身體檢查

學校中應每年至少施一次學生身體之檢查，並聘可靠醫生行之。凡有病之兒童應通知家族并設法療治。有傳染病之學生應與他生隔絕。否則互相傳染且由學生傳入各家屬，極爲危險。尙有許多身體上之缺陷可由學校矯正或預防者。如患初期之肺病者，宜行日光浴及輕便游戲，并減少功課，惟勿令其太近他生，吐痰談話時最宜小心。如牙病多由於飲食不得法或食物不清潔，如目疾多由於黑板耀眼或座位太遠，如曲背多由於座位太高或太低，……等等。充教師者之責任甚大，衞生上之常識不可不具。不論兒童何時何處有病患，自己不能治時，宜請教醫生。如憑一知半解，糊亂診治，或更危險。

耳喉口鼻之衞生

耳喉口鼻之衞生，普通人注意者較少。實皆與呼吸及飲食極有關係。因耳之不潔致耳聾者頗多。耳不潔之原因雖多，然根於口鼻喉者不少，故根本上口鼻喉之清潔更爲重要。口鼻喉之清潔，一方面應食後漱洗，一方面宜時時查驗。如用口呼吸，多因用鼻呼吸不易之故。兒童中如有用口呼吸者，宜先考查是否爲一種習慣，此種習慣有偶而養成者亟應矯正之，有因有鼻患或小舌太大，或喉部有病者，如原因不明或查出有病患，宜請醫診視，

每一學校中平時宜備百分之二硼酸水及藥棉花。硼酸水可買硼酸粉少許，溶少量於冷沸水中卽得，所費有限。備此水以洗耳喉口鼻可使清潔而免病患。

眼之衛生

眼之病患最多者爲近視眼，紅眼及痧眼患者亦不少。凡有眼病者每易患頭痛，乏力，消化不良，頭眩，失眠，神經衰弱，易怒，及其他病症。眼病之原因或由於傳染，或由於遺傳，或由黑板太遠，黑板耀眼，書上字太小，紙太光耀眼，或由於不清潔，……等等。爲教師者宜想種種方法防護兒童之眼睛，蓋眼有病，終身受累也。

關於其他疾病之衛生及防禦，及上述種種之詳細情形，非本章所能盡述。本章之目的是在引起一般任教師者之注意，勿忘教育之重任，不僅在於兒童心智之發展及知識之灌輸，還須使兒童得良好之環境，使身體方面不受疾病，儘量生長，

露天學校

且更悟兒童之身體實心智發展之基礎也。

在本章終了之先，吾人須再討論一事，卽露天學校是。中國有幾處露天學校，皆一個敎師至一廣場中聚若干兒童敎授。此種學校雖較不設校爲佳，但僅爲社會敎育之一種方法，其效率頗低。

歐美有所謂露天學校者初創於德國。一千九百〇四年柏林附近 Charlottenburg 地方首設之，其目的在爲身體不發達之兒童，施以特殊之敎育，一方而促進身體之發育，一方面學習若干功課。此校設立不及三月，成效昭著，德國各處聞風而起，不出三年，英國倫敦亦設一校。又次年卽一九〇八年美國羅島州亦設一校，後波士頓，紐約，芝加哥，等處均繼起仿行。

此種學校幷非任擇一廣場卽可設立其地址應多樹木而空氣淸潔。且有校舍，惟僅有地板及屋頂與遮陽而無門窗。受敎之兒童大都身體薄弱或竟有肺病之症象，故在校中不但游戲及休息宜多，食物亦宜富於滋養料，庶可收效。

此種學校，所費並不多，吾人以爲值得在中國試辦。

一種報告

本章寫完以後讀宓愛華先生在新教育評論第二卷第二十一，二十二，二十三期所發表之「學校兒童健康談」益覺吾言之不虛。據宓君報告，在三處暑期講習所檢查女教員之結果，發現下列缺憾：

	昌黎(女)	保定(女)	濟南(男)
視力不健全	百分之四十	百分之三十八	百分之四十
痧眼	百分之二十九	百分之三十	百分之三十二
扁桃腺腫大	百分之十七	百分之三十	百分之四十八
甲狀腺腫大	百分之三十四		百分之十二

(按前二項爲眼病後二項屬於喉患)

又在浙江山東及江蘇檢查小學生，其結果如下：

	浙江				山東		江蘇			
	甲校	乙校	丙校	丁校	戊校	己校	庚校	辛校	壬校	癸校
視力不健全	14	33	22	24	5	7	15	9	0	11

痧眼	48	68	79	83	33	33	60	80	57	43
扁桃腺腫大	45	33	34	37	39	62	58	73	55	28

（按上列者均爲百分數）

『除上列各種缺點外，受驗各生之飮食都缺乏維素（卽生活素）。卽如青菜一項，在中國各處都很便宜，在學校中却當他香料用；雞蛋亦不貴，却是一星期祗吃一次；至於水菓，更非大宴會吃不到了。

『能够喝足身體中所需水料的學生很少。……能注意及於齒牙齒齦者很少；曾往牙醫處去過者，敎員不過三人，學生中一人也沒有』在該報告之末，對於學校之改良，作下列之建議：——

『（甲）房室的建築適合於學生的人數（每生應有十五英尺的地位和二百立方英尺的空位）。

（乙）窗戶的大小總數與地面大小總數之四分之一相等。

（丙）冬天應有够用的熱氣設備，常年應有通氣的佈置。

(丁)適宜衞生水料的供給。
(戊)合衞生的陰溝的佈置，最好附有積穢池。
(己)適合的盥洗室，有各個的毛巾及飲器。
(庚)書桌高低可以隨時與學生以一種體格校正之機會。
(辛)適合的清潔方法。
(壬)學生有游戲場幷備有各種器械。
(癸)窗門都有鐵紗。
『至於有宿舍的學校應有：
(甲)合於衞生的廚房。
(乙)適宜食單，飲食都用衞生方法製備
(丙)有定期衞生積分法。
……………………………………
『種種運動游戲可於游戲場上，課堂中，走廊下及庭園內，實行之。

「佈置學校課程時，應注意下列諸點：——

(甲)學生每日應讀書幾點鐘。

(乙)各課程須有適合的比例，以免功課太繁，學生用功太過。

(丙)教授時間之中，應雜有運動呼吸的時間。每次不過一二分鐘，每日須有數次。

(丁)營養不足的兒童，日中應有熱餐一次。」

本章參考用書：

Healthful Schools, by Ayres, Williams and Wood, Houghton Mifflin Co., Boston, 1918.

School Hygiene, by F. B. Dresslar, Macmillan, New York, 1916.

American School houses, by F. B. Dresslar U. S. Bureau of Education. Washington, D. C., 1911.

The Hygiene of the School Child, by L. M. Terman, Houghton Mifflin Co., Boston, 1914.

How to Live, by Fisher and Fisk, Funk and Wagnalls Co., Philadelphia 1915. 上海中國衞生教育會有譯本

Open-air Schools, by L. P. Ayres, Double day, Page and Co., New York, 1910.

第五章　教法與分級

學習之原理已見於第三章，施教之環境亦於第四章中論及，本章則談施教之方法。

形式上教法分數

關於教法之討論，可分爲數種。

甲．形式上　自形式上觀之，教法約可分下列幾類：

一、演講　演講爲最易之方法，亦學生所最歡迎者也。蓋此種方法，學生聽亦可，不聽亦可。一切教材，均已由教師組織就緒，學生完全不需有自動力。此種方法，僅於學生無從或無時間得材料時，偶一用之，或有效力。

二、問答　問答法亦爲普通所常用者。若善用之，未嘗不可啟發兒童之思想，引起兒童之回憶。不善用之，則極乏味。中國兒童素無自動力，此種方法，僅養成其被動力耳。

三、練習　練習或複習，爲學某種技術所不可少者。如唱歌，如算術，如外國語文等科中，練習均爲必需。惟練習易成爲機械的，則乏意義而難進步。今日之講練習者當使學生知練習之目的，功能，并了解練習之益處，功效庶乎大矣。

四、討論　討論爲一種較新之方法。若學生能因教師之引導而引起興味，充分討論，殊爲有益。惟中國學生極乏自動力，用討論法始者往往以問答法終。矯正此弊，是在教師善用此法，尤在有具刺激性之環境及空氣，使學生不得不自動。

五、研究　研究較討論尤進一步，教師完全處於輔導地位，由學生自行擇題研究，教師偶助其找材料而已。此種方法或以問題爲中心，或以某事某物爲中心，搜集材料或取於書籍，或取於實物……等。

六、實驗　實驗多用於自然科學。其他科目中近亦有用之者。實驗法乃學生受教師之指導，利用人爲之器具，試驗天然之現象，用歸納法得某種之結論。

七、觀察　觀察法多用於自然及社會科學。此法與實驗法不同之點，即後者有人爲之器具而前者僅有天然之現象，憑人力之觀察，得若干之結論耳。中國人素乏觀察力，此法實甚重要。

觀察及調查之重要

八、調查　調查較觀察更進一步，蓋觀察僅及於表面及此時此地所有，調查則究其內容并及他時他地之現象，有歷史及比較的性質。觀察法行之有效，宜進而行此法。

中國人賞鑑力薄弱

九、欣賞　欣賞多用於文藝各科。吾儕讀文章或聽音樂，非必在於學習，而或在於欣賞世界之名歌大文，決非人人所能學得，然宜知其所以爲偉大者何在，此則有賴於吾人之鑒識力。欣賞爲鑒識之初步，欣賞後再討論其優點，則自得深刻之印象。中國學校中對於文章之欣賞尚爲注重，藝術之欣賞則幾未之聞。

乙、精神上　形式上之教法，雖後數種近人始用之，前數種則古人早經發見。惟當教育原理未明之時，教師教學生專注於教材而不顧學生是否能了解。近數十年來始知教法單重形式，學生得益殊少，於是進而改良。

赫巴脫之五段教法

於教法中重精神不重形式倡新觀點者爲赫巴脫（見前）。赫氏分教法爲四步：（一）明顯，表明所學之事實與分子，純爲「吸收」；（二）聯合，將新學者與已知者合而爲一，大部分是「吸收」小部分是「消化」；（三）系統，將聯合之知識冶於一爐使合於論理，是爲被動而靜止之「消化」；及(四)方法，將所得之系統應用於新材料上，此則自動而進取之「消化」。此種新教法，赫氏倡其原理，後經若干之變化，成爲五段，(一)預備，(二)提示，(三)比較及抽象，(四)概括及(五)應用。(參看近三世紀西洋大教育家)

所謂預備，即將過去已有之經驗及事實溫習一過，并將本課之目的表明。提示則研究本課各種現象以求了解。比較及抽象乃比較各種現象，由具體而進於抽象。概括則就比較所得下一理論而概括之。應用是將所概括者應用於別種現象而證實之。

論理的教法

此種教法之前四步爲歸納，後一步爲演繹，頗合於論理。凡年齡較長之學生能推論者，而教材又合於論理，用之未始無益。因之此法遍傳歐美，并及於日本及中國，盛行數十年，至今猶占一部分之勢力。

十九世紀之末，一方面由於兒童研究之風靡一時，一方面由於心理學中興趣說之崛起，間接受盧梭福祿培爾裴斯他洛齊等之影響，直接則根於杜威之學說及試驗，於是有所謂合於兒童心理的方法出現。

心理的教法

前所謂合於論理的方法，教材有一定之系統，此種系統每爲一般學者所造成，且經大衆公認者，故根於成人之經驗。今所謂合於兒童心理的方法，教材不必先有系統而根於兒童之經驗，由兒童自己去組織而成，教師不過處於輔導之地位耳。

此種方法亦非一朝一夕所發明，實經若干之變化而成，即至今日，猶在試驗中，尙未敢云完全成功也。考其蛻變之跡，吾人可以下列名詞代表其進步之時期。

兒童興趣之利用

一、引起動機（Motivation）——二十年前動機二字殆可謂爲西洋教育界最流行之名詞。教師如何能用種種方法，引起兒童之動機，使對於某科某課發生興趣而能自己向前努力。換言之，施教之初步，兒童仍爲被動，教師設法引兒童上路，上路後則兒童可自動的前進。所用之方法仍不脫五段法之一部分，惟觀點則已不同。

兒童天性之利用

二、社化（Socialization）——社化則由教師學生共同前進，使學生明了自身負一部分責任，且爲團體中一分子，個人之努力與團體大有關係。教法多用討論式或實驗式，惟精神上利用兒童天性中之競爭心及互助心，感團體生活之有益及求得知識之重要。

三、輔導自修（Supervised Study）——輔導自修乃利用兒童身心活動之天性，學習之初步卽由學生自動，性由教師與以題目及書籍，幷隨時督責指導而已。上述二種十年前頗通行於美國，至近十年中則嗆炙人口者爲下列二種。

四、問題法（Problem method）——由教師擬就或學生自己觀察所得之問題，利用學生之好奇心解決之。每課之開始卽在選擇適當之問題，得問題後，各生用種種方法或獨自解決，或與教師及同學共同解決。

五、設計法（Project method）——設計法則利用兒童種種之天性及經驗之全部，解決生活上實際之事情，自始至終，均由兒童個人或共同活動，教師僅處於指導及輔助之地位。

重心點之

吾人觀上述各法，可知重心點轉移之變遷。而轉移之故，則由於近世教育學說

轉移

深信兒童是活的，是在生長的，且自有其興趣，動機，經驗，理想，及計劃。循此方針以覓理想之教法，經若干之變遷，始得今日差強人意之設計教學法。試申論之：

設計法之精神

設計教學法之精神，乃以兒童為主體，以兒童之一切活動為求得學識之方法。此種方法為近二十年中新教育家所想求到而時時在試驗中者，然集其大成而明白用設計之名詞者為寇伯邁（見前）。彼於設計教學法，曾作一番研究，於一九一八年發表論文，顏曰設計法。（參看附錄之書名）此論文中所述設計之意義約如下：

設計法之意義

（子）為有目的之活動——此種有目的之活動為現代民治社會之要素，亦有價值之生活之單元。處民治精神之社會中，人生各活動非受人支配而應有各自的目的。此種有目的之活動宜自小養成。

（丑）此種活動須專心而奮力——吾人凡做一事必須專心而奮力去幹，方可有成。專心而奮力之精神，亦宜自小養成。

（寅）此種活動須自動且先有計劃——依賴別人，為民治精神社會中所不許，故必須自動。凡做一事僅專心且奮力，猶爲未足，必須先有計劃，然後依計劃有條不紊去做。

(卯)此種活動須爲合羣的——現代社會非「各人自掃門前雪」之社會，自私自利不顧團體之活動不應獎勵。兒童自小做事，當時時想此事與社會有何關係，是否有益於社會。

(辰)此種活動須能進展到別種活動上——若此種活動不能進展到別種活動上，可見於生活上所生影響極少。爲活動而活動，不如爲生活而活動。若爲生活而活動則自身雖成爲一單元，實爲全體生活之一部分。

設計法舉例

以上所述爲設計法之原理，美國學校首先起而應用者即哥倫比亞大學師範院之荷勒司滿學校。茲舉該校小學五年級優級班設計之例如下：

兒童設計	所含材料
一、全級及個人雜項用品之預算。每個學生請教員在銀行存款。學生可用支	支票寫法。流水眼寫法。銀行存款情形。儲蓄及利息。銀行付息辦法，等。

票在某處購物。

二、團體對於鋼鐵罷工之研究。

三、氣候之預測

地理：各州之礦區及製鐵所在產額及需要。

公民：罷工之原因及利弊。

歷史：罷工之今昔及原因。

科學：全級組織氣候測驗所研究氣候圖。

根據材料製圖表等。

設計法之優點及缺點

吾國首先行設計法者為南京高等師範（東南大學）之附屬小學，後漸傳播於江浙一帶。

設計法之優點為（一）作事有計劃，（二）學生有自動力，（三）學生有組織力，（四）學生有責任心，（五）學生能互助，（六）學生思考力之養成等。其缺點為（一）易涉於不需要之事，（二）學生中一二領袖易於支配全級，（三）作事雖有系統，所得知識則乏系統，（四）下課後不必預備亦無從預備，（五）亂發議論或任意去做，等。故行設計法不可不有相當之設備及循循善誘之教師。

行設計法最大之困難，爲社會之不了解及父母之不贊許。中國教育自古重書本不重活動學校不過是讀書之所若用種種設計，父母及社會視爲兒戲故不了解而難贊許。

分班制度之由來

吾人研究教法時不可忘及與教法有密切之關係之分班制度。

中外古時之教育，幷無分班制度。至一五三八年斯托姆（John Sturm 一五〇七——一五八九）始有分班之意，然未實行，孔未納司（見前）於其著作中亦極言分班之利。直至十七世紀之末有法人拉沙爾（Jean Baptiste Lasalle 一六五一——一七一九）於基督教兄弟學校中方用同時教多人之方法，惟其他各國，尙少效之者。十九世紀初，英國藍喀士德（Joseph Lancaster 一七七八——一八三八）及背爾（Andrew Bell 一七五三——一八三二）創訓導制，其法先自己授課於年長之學生，再由彼輩分組授其他學生。一時風行歐美。後訓導制雖取消而分班制猶在，至今成爲通例。

分班制之弊及補救法

但近數十年中因分班制太趨於死板，施行時有種種困難。如人數較少之學校，一行分班則每班人數太少。卽在人數衆多之學校，分班教授，於個別太不注意，殊不合於新教育之精神。補救之法甚多，茲略舉普通常見者：

一、單級制　單級教授係全校不分級，均聚於一室由一個或兩個教師教授之。此種制度多行於人數較少之學校，至多五十人，更多則必發生困難。教時仍分組，如同時一組習字或圖書，一組練習算術或做手工，一組作文……等。有時全校合作如游戲之類。

二、二部制　二部制有半日二部及全日二部之分。半日二部卽一部兒童上午入學，一部兒童下午入學。全日二部則一部上課時一部自修，隔時互換。至分部之標準或以程度，或以男女性別，或以能力，……等。

三、年級制　年級制則按學生程度分班，通常一年一級。惟人數較多之學校可一學期一級或一季一級，則聰明之學生，可升級較速，或跳去一級，所差有限，而魯鈍者留一級僅一學期或一季耳。

四、年級變通制　年級變通制之例甚多，較著者如美國之巴達惟亞制，其法每級於正敎員外，設助敎員專輔導劣等學生，使能同時升級，如美國之新劍橋制及波特蘭制每年級設兩種速力不同之班，其比例爲三與四或二與三之比。如德國之孟希姆制，專爲低能及高材生另設班次，一年改編一次，日人木神仿之，改一學期改編一次，成效頗佳。

五、彈性制　彈性制較上述者尤爲變通，如包白洛制每級分小級，每小級再分小組，各隨學生之能力而進步。如學科彈性制以學科爲單位，每科有程度不同之班次，如某生國文在甲班，算術在乙班等。如哈立斯制，各級每半年分一次，使成三組，乙組爲普通者，一學期修畢應修之功課，甲組多習半學期，丙組少習半學期，一學期之末重分一次，如是最快之學生四年可修畢普通六年功課，最慢者則需八年。

六、個別制　個別制可謂爲與分班制度中之極端反動者，但個別制并非如舊時之私塾，作個別之敎授，而實寓個人於團體之中。如分團制，乃以年齡約相若，程度約相等之學生合爲一大團，再由一大團分爲若干小團。教授不分科目，時間表亦不固定，純用設計法，使學生學習各種生活中之經驗，各團中學生共同作業或個別作業皆可自由。達一定之標準即可畢業，無所謂年級也。

道爾頓制之創始

近來盛行一時之道爾頓制可稱爲個別制之一種。道爾頓制首倡於美國柏克赫斯特女士。(Parkhurst 一八——) 彼於一九一一年時始有作業室之計劃，然猶未廢時間制，且僅作小規模之試驗。直到一九一九年之秋，得克蘭夫人之贊助，方於紐約克氏所立之殘廢學校中作規模較大之試驗。適克氏故鄉之道爾頓中學校長聞之，亦願以該中學爲柏氏試驗之所，於是此制得道爾頓制之名。該校施行新制不久，有英人來參觀，大爲稱許，回國後於一九二〇年在倫敦之一中學中實驗之，成效更著。今英國學校中採道爾頓制較美國者尤夥。一九一九年克氏更爲柏氏集資在紐約辦兒童大學，至今柏氏猶爲該校校長，得盡力發展其計劃。

我國學校首行此制者爲吳淞中國公學中學部，於一九二〇年（民國十一年）由舒新城先生主其事。自後各校仿行者達五十餘校。一九二五年夏柏女士游日本，順道來中國，在各處講演凡一月餘，加入討論者甚衆。

道爾頓制之辦法

道爾頓制中不分班級，無固定時間表，但按各科設若干作業室。作業室中無講台，即學生之桌椅亦非按排排列，而排成爲圍，或圍長桌而坐。每月之初由教師指定功課範圍，令學生自行研究。次序及速度，均由各人自定，至月終由教師考核成績，再定第二月功課。指定功課大都以問題爲中心，并非指定某書某頁至某頁。指定後由教師製作業概要表，如應作之練習題，應答之問題，應看之參考書……等，懸之於壁，或印發於學生。學生於每月之初領一工約表，每日將所學者約若干記於表中。每晨并由教師聚全班討論各人之工作及時間分配，至午後散學時再復查一次。隨時復由教師指導研究。至月底習完後再換新工約。

各種表格之重要

除上述二表外，尚有「作業考查表」依科目分列，以備考查作業；「週表」爲核一週工作之用；「學生出席表」爲查學生到校與否之用；「工作贏虧表」以稽學生之勤惰。故在此制下學習之學生，一方面可自由作業，一方面用種種方法促其進步，意至善也。

道爾頓制之優點與缺點

道爾頓制之優點爲（一）養成自動力，（二）適應個性，（三）增加責任心，（四）引起興趣(五)師生易了解等其缺點則(一)需費較多,(二)考查成績較難(三)各生易偏於某種研究,(四)教師較苦,(五)缺少人格上陶冶及感化等故實行道爾頓制以前必須充分準備,否則易於生流弊。

本章參考用書:

Thorndike E. L. Principles of Teaching, A. G. Seilers, New York, 1906.

Charters, W. W., Methods of Teaching, Row, Peterson and Co., Chicago, 1912.

Strayer, G. D., A Brief Course in the Teaching Process, Macmillan, New York, 1911.

Earhart, L., Types of Teaching, Houghton Mifflin Co., Boston, 1915.

Kilpatrick, W. H., The Project Method, Teachers College, New

York, 1918.

Stevenson, J. A. the Project Method of Teaching, New York, 1921.

Wilson, Kyte, and Lull, Modern Mothods in Teaching, Silver, Burdell, Co., New York, 1924.

設計教學法輯要　美國各家著　唐薛二君編譯　商務印書館

道爾頓制概觀　舒新城編　中華書局

柏女士演講討論集　許興凱編　北京晨報社

第六章　課程與敎材

敎法與敎材，猶車之二輪，鳥之兩翼，二者不可缺一。吾人旣於前章略述敎法，當再進而討論敎材。

敎材之廣義與狹義的解釋

廣義言之，凡生活中一切現象與吾人生關係者皆爲敎材。吾人呱呱墜地，卽與外界接觸，一切行爲均漸漸與外界適應，襁褓與孩提之時，雖未受正式敎育，而所學之事物甚多，此種事物皆敎材也。

狹義言之，則僅正式（卽狹義或有形的）敎育所用之事物，以引起吾人之反動，改變吾人之行爲者，始謂之敎材。此種敎材往往排列成序，循次而進，乃成爲課程。

課程與敎材之關係

課程包涵敎材之全體，敎材則課程之原子也。故論敎材不能不談課程。

古代之課程

我國古時之課程有所謂六藝，卽禮，樂，射，御，書，數，其範圍頗廣，中世以後專重文史，學問變爲字句之推敲，其經過之變遷頗與西洋相同。

希臘之敎育在柏拉圖時分三級。初步爲音樂及健身術；中級有算術，幾何，音樂及天文上級者研究哲學。未幾有七藝之稱，卽文法，辭令，論理，算術，幾何，天文及音樂。當時之學問靡不集焉。十九世紀以來為貧民設立之小學漸多，此等小學僅授極淺近之基本知識，有所謂三R者，讀寫算是也。小學之畢業生本不望其升學，有此基本知識，入各界充徒弟，綽有餘裕。至於中學及大學，係富貴子弟修學之所。中世紀之課程，中學純偏重於文字，大學稍涉哲學。

斯賓塞之教育論

新式之課程，則自自然科學發達後始發生。打破舊式課程者為英儒斯賓塞（Herbert Spencer 一八二〇——一九〇三）。斯賓塞於一八六〇年發表教育論一書，（一部分巳由任鴻雋先生譯出商務出版）其第一篇討論「何者為最有價值之智識。」其言曰：

人生活動分類

吾人之第一步，須依其重要次序，分人生活動之重要者為若干類。就自然情勢言之，可分為五：（一）於自存上有直接關係之活動；（二）以生活之必要，於自存上有間接關係之活動；（三）關於長育後嗣之活動；（四）關於維持社會及政治關係之活動；（五）當閒暇時間為滿足趣味與感情之一切活動。

上列五類，為其自然之次序，不煩解說而自明。蓋行為用意，為個人安全所

次序首自存

次保家

次社會義務

不可須臾離者，自非他事所可比例。設有人於此，於其四圍之事物行動，蒙然若初生之孩，不知所以處其身者，則一入街市，必招橫死，雖博學多能，究何益乎？昧於他事者，於其生存之關係，或不若此之甚，故關係自存之智識，其重要爲第一也。

其次爲生活之術，間接的爲自存所必須者，當次於直接的自存而居第二，亦事之無可疑者。凡人職業問題，當先於家族問題，蓋非先有職業，卽家族義務亦末由盡也。人能自存而後能保家，卽自存之智識，視保家之智識爲尤重要；然舍自存之智識外，保家之智識，又最重要者也。

自進化之歷史言之，家族實先於國家。蓋國家未始以前，既終以後，人類之生育自若；而子孫之長養，終則國家亦無與爲存，故爲父之義務，必當視爲市民之義務爲重。更進言之，社會之良善，視乎其市民之性質，而市民之性質，又多由於幼時之教練。故家庭之良善，實爲社會良善之基礎，而關於家庭之智識，當先於社會之智識，不待言矣。

次美術娛樂

至於事業之暇，則有行樂；行樂之方，如詩歌，音樂，繪畫等皆是。顧此數者必以社會之先在爲前提不特無長治久安之社會，上列事業將末由發達乃諸事之本質，實將取材於社會之情感。諸事生成之境地，不特須社會供之，乃其表示之意念，亦將於社會求之。是故構成良善市民之行爲，常視文學之造就及趣味之發揮爲尤重要，而教育之預備，當急其前者而緩其後者，又無庸疑議也。

斯氏之言雖不足爲定論，然其所發之問題「何者爲最有價值之智識，」實足以啟後人之深思。現代教育家對於此問題多加以研究及分析。今列斯乃頓（David Snedden 一八六八——）之說如下。

教育四大目標

斯乃頓以爲吾人教育之目標有四：

一、健康——人生各種活動，莫不賴有健康之身體，故健康爲生活要素。凡一切關於身體之生長，姿勢，壽命及衞生之各種訓練與教育皆屬於此。

二、社化——人之初生，與社會毫無關係。顧人不能離羣而生活。且今日之社會極複雜，非有正式教育，欲求社化，不啻事半功倍。凡一切道德上公民上之訓練及對家屬朋友及其他社交之教育皆屬於此。

三、文藝——人之別於禽獸者以有文藝也。文藝足以通情款，陶性情，磨光陰，啓思想……雖無物質上之利益，實精神生活之要素也。凡非職業性質健康性質社交性質之一切文章藝術之教育皆屬於此。

四、職業——人生於世不可不有職業。職業者間接或直接爲社會生利，所以報社會之一種役務也。凡三百六十行之一切訓練以生利爲目標之教育皆屬於此。

各級教育之中心

茲四者雖不皆爲各種課程中所必具，然至少具其一。人生之完全教育必四者皆具，不過何者較重則視需要而定。近世之初等教育之中心點在健康，次及於社化及文藝，若職業則僅間接爲之預備耳。中等教育初期之中心點則在社化，至後期乃約分爲二：一重文藝，一重職業，健康則皆涉及。若高等教育則純爲職業性質，文藝社化及健康，皆附帶之目標而已。（詳後）

課程之要點

課程之第一功用，卽在使學生獲得關於人生之健康，社化，文藝，及職業上之各種技能知識爲敎師者當知吾之責任在使學生達此四項之某種標準，然後知所努力者當爲何事及若何進行。否則以盲導盲不知所止矣。

敎材之分配

課程之第二注意點卽在各級各科之敎材應若何分配。譬如造屋有奠基者，有築牆者，有製門窗者有覆頂者，必各知其功用及責任，庶屋能堅固。各科在各級中之比較價值及其重要不可不研究而分析之，此其一也。各科各級之相互相關係如何，此第二問題不可不加意解決者。若何能使各科互相幫助而不重複，此課程中之第三問題也。每科之終，當有系統的結束且表明其與人生之關係，此人多忽視而實甚重要者也。

敎材之選擇

課程之第三注意點在於各科各級敎材之選擇，同一類敎材，若一與生活無關，一與生活有關，或一則習時較經濟，一則習時頗費力費時，則當知何所擇。此種選擇之大意應由定課程者示以綱範，任敎師者循而詳之，庶可收效，若全憑敎師觀察所及，恐精力不能貫注而澈底。

至每科每級之終，爲敎師者當問吾所授之學生是否已達所懸之標準。若不然者教法之過歟，抑課程未妥歟？知其故而後正之。

教材是否與生活有關？實屬不易解決之問題。蓋欲解決之，非經專家長期之研究不可。吾人研究此問題，首當知吾人教授之目的在養成何種知識，技能，態度，觀念，或品格，及性情。再定當擇何種教材始可得之。而後就兒童之智能所及分級授之。

選擇教材示例

此種教材選擇之研究，其途有二：一從社會生活之需要考之，一從兒童知識之缺點考之。美人歐葉（L. A. Ayres 一八七九——）嘗於一九一三年研究普通個人及商業信札凡二千封，其中含二二〇，一六〇字，再用隨機取樣法求得二三，六二九字，若不計重複者則得二千零一字。此二千零一字中有七百五十一字僅見一次，而有一字則見一千零八十次。此二三，六二九字中，有四十三字之重複次數若合併計之，佔全數之半。有九字佔全數四分之一，有三字佔全數八分之一！桑代克（見前）嘗根據四十一種常用之書中所含四百五十萬餘字中求得常用字一萬個，因作常用一萬字表，每字皆附以價值及所見次數。根據此表，吾人可知何字用時多，應多解釋多練習，何字用時少，不必多解釋多練習。（張士一氏曾憑桑氏之研究作英文常用四千字表（中華書局出版）桑氏之字彙亦已由陸費執君作成英文萬字字典，（中華出版）我國陳鶴琴氏（見前）亦嘗作應用字彙。陳氏根據六類語體文之書共得字五五四四九八字，若重複不計則有四二六一個字其中五千次以上者僅十字，三千次以上者十九字，二千次以上者三十八字，一千次以上者則有百餘字。（見新教育第五卷第五期）張耀翔氏（北京師範大學教授）嘗憑電話簿研究常用字。（見晨報六週增刊）俞子夷氏（南京東南大學教授）則根據五千餘人的姓名研究常用字（見中華教育界十四卷十期。）此可謂為中國研究用字的需要之始。惟近來中國文體方在變化，用字亦因各種新事物之發生而次數不同，故此種研究一時難有定論。

上舉各例，乃自社會生活需要而定教材之內容。此種研究不僅限於用字，其他各種教材，均可如法泡製。例如日用及商業中實用之算術，報章常見之社會問題，各地各時常見之花木，均至少當充教材之一部分。此種研究雖需時較多，尚易進

行，

至於自兒童知識之缺點研究教材之應如何選擇，比較困難，然實更爲重要。蓋此種缺點之補救實教師之責任也。今且舉例以明之。

卡他氏（W. W. Charters 一八七五——）嘗研究兒童說話時及寫文時文法上錯誤，其法於一定時期中令各級教師將學生說話時之錯誤一一錄於小簿，並將學生一切作品交至校長處，然後揀出所有之錯誤。計所得者錯誤共二一五，六七六處，其中二百次以上者有二十三種錯誤，計佔全數百分之五十六。最多之錯誤爲當用 Were 時用 Was 計一千五百五十五次。由此可知此二字之用法，學生最不易明了，而須特別訓練。

此種研究，中國尚未之聞。

教材之選擇略如上述，教材之運用則視教法而易。例日今如盛行之設計教學法，對於教材之運用有何利弊？設計本是生活中一種重要現象而由生活中取得者，今教材既亦由生活需要中取來，則運用自易，惟設計往往易偏於一面，爲教師者得如上述之教材後，當引導學生，使各種需要之教材，皆得學習，此種教材實能使教師更知設計之所偏所缺在何方面也。

教材之運用

教材之運用尤當因時因地製宜。所謂因時，或利用天然之產物，或利用深印人心之事實。如冬令談煤，春季討論各種農產物，端午研究屈原故事，五七述中日交涉等；皆可使學生生求知之心而感其需要。所謂因地，如城市談工商狀況，鄉村則研究農產，近海濱可述人類之交通，山居易集巖石礦產而講解之。運用之得時地之宜，全賴教師之技術。

因勢利導，亦教師所宜注意者也。如因論中日交涉，而談及中國外交大勢，國界變遷，社會經濟所受之影響等。如談煤，而研究各種燃料，世界產額，及工業競爭，國權侵略，之原因。

故今日欲定課程，決不能死板規定，全國劃一。蓋不獨各地方當因時因地而有伸縮餘地，卽各教師亦當與以支配之自由。課程之規定僅及於大單元及標準足矣。

我國新學制課程之草擬，即根據此種辦法，僅規定綱要，供全國教育界之參考，並不求各處奉行，視爲金規玉律。今且舉小學國語課程綱要如下：

(一)目的

練習運用通常的語言文字，引起讀書趣味，養成發表能力，並涵養性情，啟發想像力及思想力。

(二)程序

第一學年

1. 演進語練習，簡單會話，童話講演。
2. 記載要項和字句多反覆的童話故事，並兒歌，謎語等的誦習。
3. 重要文字的認識。
4. 簡單語言的記錄發表。
5. 寫字的設計練習。

第二學年

1. 同第一學年。注重會話和童話講演。

2. 字句多反覆的童話故事，和兒歌，謎語的誦習。

3 同第一學年，加指導閱讀淺易圖書。

4. 同第一學年。

5. 同第一學年。

第三學年

1. 童話，史話，小說等的演講。

2. 童話傳記，劇本兒歌，謎語故事，詩，雜歌等的誦習。

3. 同第二學年，可加授檢查字典的方法。

4. 通信，條告，記錄的設計，和實用文，說明文的作法，研究，練習。

5. 楷書的臨摹。

第四學年

1. 同第二學年，加普通的演說。

2.傳記，劇本，小說，兒歌，民歌，謎語，故事，詩等的誦習。

3.加授檢查字典方法，並指導閱兒童報和參考圖書。

4.同第三學年，注重實用文，說明的作法，研究練習。

5.同第三學年，加行楷和簡便行書的練習。

第五學年

1.同第四學年，加辯論會的設計，練習。

2.同第四學年，注重傳記，小說。

3.注重指導閱報和參考圖書。

4.實用文，記述文，說明文，議論文的作法研究，練習，設計。

5.同第四學年，加行書的練習。可臨帖。

第六學年

1.第五學年，注重演說的練習。

2.同第五學年，可酌加淺易文言的詩文的誦習。

3. 同第五學年，注重指導閱普通的日報。

4. 同第五學年。

5. 同第五學年。注重行書的練習，加通行草書的認識。

(三)方法

(一)語言　初年多用演進法。以後多用會話，講演，表演。

(二)讀文　注重欣賞表演。取材以兒童文學（包含文學化的實用教材）爲主。

(三)文字　注重反覆練習。

(四)作文　注重應用文的設計，研究和製作。

(五)前三年讀文與作文寫字合併教學；並與他科聯絡設計。後三年注重自學輔導。

(六)語言可獨立教學，或與作文等聯給教學。如無師資，可暫從缺。獨立教學時，在方言與標準語相近的地方其時期可以一年爲限。

（四）畢業最低限度的標準

初級

（一）語言　能聽國語故事，演講，能用國語作簡單的談話。

（二）文字

甲．讀文　識最普通的字二千個左右，並能使用注音字母讀語體的兒童文學等書八册。（以每年二册計，每册平均四五千字）能用字典看含生字百分之五的語體的兒童書報。試讀後答問準確數在百分之六十以上。

乙．作文　能作語體的簡單記述文，實用文（包含書信日記等）而令人了解大意。

丙．寫字　能速寫楷書和行楷，方三四分的，每小時二百五十字，方寸許的，每小時七十字。

高級

(一)語言　能聽國語的通俗演講，能用國語演講。

(二)文字

甲．讀文　識字累計至三千五百個左右。讀兒童文學等書累計至十二冊以上。能用字典，看與兒童世界或小朋友程度相當生字不過百分之十的語體文；及與日報普通記事程度相當，生字不過百分之十的語體文。標點及答問大意，準確數在百分之六十以上。

乙．作文　能作語體的實用文記述文說明文而令人了解大意。

丙．寫字　能寫通行的行書字體。

本章參考用書：

Bobbitt, F., The Curriculum, Houghton Mifflin Co., Boston, 1918.

Dewey, D., The Child and the Curriculum, The University of Chicago Press, 1902 兒童與教材　鄭宗海譯　中華書局出版

Charlers, W. W., Curriculum Construction, Macmillan Co., New

York, 1923.

Bonser, F. G., The Elementary School Curriculum., Macmillan Co., New York, 1920.

McMurry, C. A., How to Organizo the Curriculum., Macmillan Co., New York, 1924.

Snedden, D., Educational Sociology, The Century Co., New York, 1922.

新學制課程標準綱要，全國教育會聯合會新學制課程標準起草委員會編，江蘇省教育會出版

新學制職業科及師範科課程標準，全國教育會聯合會新學制師範職業科課程標準起草委員會，編中華職業教育社出版

第七章　測驗與統計

測驗較個人評判為客觀

個別之差異，吾人已於第二章中述及。受教之人有智愚賢不肖，雖古代之施教者亦知之。惟智者之聰明至若何程度，愚者之笨拙又至若何程度，昔日施教者之所見類多主觀，而未嘗有一定之標準。至學生各科之成績，每由施教者定其高下，與以分數或等級，此種評判亦多憑主觀，因人而異。測驗云者，即對於智力及學業之程度，用比較的客觀之標準評判之耳。

測驗略史

最先用測驗方法，定學生成績者，乃英國一不知名之教員費薛（Fisher），此人嘗用簡單之客觀標準，以定學業之高下，惟不甚精密。用統計之方法，以測人類身心上各種性格者，始於英人高爾登（Francis Galton 一八二二——一九一一。）彼於一八七五年嘗發表「雙生子特點」「色盲」等論文，述其應用統計方法之研究，頗引起教育家之注意。法人皮奈（Alfred Binet 一八五七——一九一一）於一九〇六年嘗應巴黎市議會之請，研究低能兒童之心智，以問題之難易，定兒童之智力年齡，成效頗著。至用統計方法，測驗學業成績最早之一人爲美人拉斯，時爲一八九二年。而集各方面之大成，將測驗運動普遍於各級教育者，則美人桑代克也。桑氏之高徒麥柯，嘗於民國十一年來華，聚集中國之心理學家教育家製成若干之表格，爲測驗中國人之智力及學業成績之用。

個別之分配

此種測驗之根本原理，以爲人類各種性格之個別乃合於數學或統計上之分配或機率論（Theory of Distribution or Probability）。按此理論，個別之分配乃照一種常態的分配曲線，其形式有如扁鐘或土邱，中間最高，兩旁逐漸傾斜，此曲線之高度或直軸表示人數，而横軸則表示某種性格也。

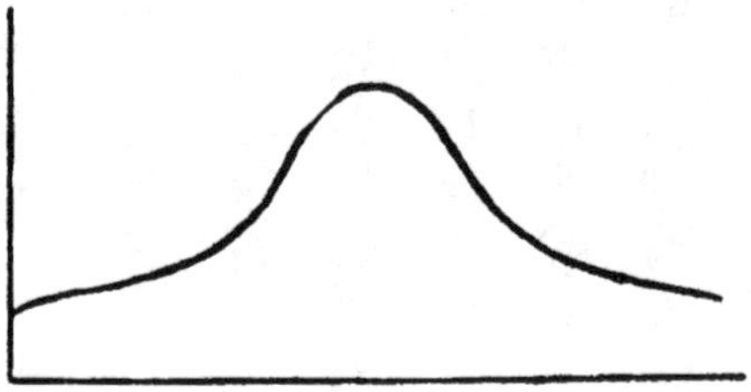

常態分配線

例如第二章所云一千一百七十一個十六歲女子身長之分配，若以圖明之，其情形頗似上圖，卽（一）平均身材者佔大多數，（二）在平均數上下之人數大致相等，（三）與平均數差異愈大則人數愈少，（四）從最低身材到最高身材中間無顯然劃分之界限。

此種分配情形，不獨身長如此，其他一切身心之性格亦然，而多數人學業成績之分配亦復如是。照智力之常態分配，世界中人百分之五十爲中才，百分之二十三爲中上才或中下才，具天才及極愚者皆不過百分之二耳。

測驗之功用

測驗之功用甚多，大別之如左：

一、入學標準　吾人知高等教育非人人所能受，必須智力高者始克入此種教育機關而不致半途而廢。卽中等教育智力太低者亦未必能畢業，故外國之大學中學用智力測驗作入學標準者漸多。此種測驗往往非單純之智力測驗，蓋入大學必先具中學之基礎智識，入中學必先具小學之基礎智識，故此種測驗之題材有純考智力者，有考以前之學業者。

二、分班及升班　分班制度已於第五章中述之。近世分班制度既重個性，則個人之智力學業不可不確知之，其道莫善於用測驗。設有一生，其成績竟大勝於常人，或非常惡劣，亦當用測驗法診斷其原因，而定其智力，然後升入或降低至適當之班次，庶不致耗費其學力。

三、職業指導　今日之社會日漸複雜，各種職業所需之智力亦各不同。如業醫業律者其所需之思想智能遠在裁縫、瓦匠之上。美國當歐戰時行徵兵制度，凡各職業界中人皆須受試，聽候調用。各界中人受智力測驗之所得分數約如下列。

智力與職業之關係

分數	職業
45—49	農夫勞工等
50—54	剃頭匠裁縫等
55—59	木匠漆匠等
60—64	火車頭汽車工夫等
65—69	巡警電報生等
70—74	獸醫蹄工等
75—79	書記管賬等
80—84	電機工人音樂隊人等
85—89	照相人等
90—94	鐵路人員等
95—99	公司秘書等
101—104	簿記人員等
105—109	機械工程師等
110—114	機械圖案師等
115—119	土木工程師等
125以上	總工程師等

由此可知智力太低者不能學太難之職業。近來有所謂職業性向測驗，意欲定

何種人合於何種職業，現成效尚少。

四、估量效率　估量效率有數種，一種爲估量一班之效率，此班與彼班較，成績之比較如何，若學生程度相同，智力相同，則成績亦當相同。不然，則當推究其原因。一種爲估量一校之效率，此校與彼校較又如何，尚有一地學校之效率估量。此種估量通常稱爲學務調查，而其工具則各種測驗也。

五、甄別教員　學生成績之優劣，實由於教員教法之良否及教材運用得當與否，而學生之智愚亦大有關係。教員雖佳，若學生智力太差，自難望其成績優美，故用智力及教育測驗以定學生之成績，則教員之優劣可以立現。

六、診斷學生　診斷學生，有特別診斷，例如某生不論在何時何地何班用何法敎之，皆無成績可言，當施各種測驗以斷定其原因而救治之。有普通診斷，如每生於一學期之終始，當行測驗，以定其成績，而爲教授出發點及教授成績之標準。

測驗之功用，約如上述，惟欲達此種功用，非經專家長期之研究不可。蓋測驗必須可靠，方有功用，非經專家制定之測驗，未必可靠也。

編製測驗應注意者

編製測驗,頗非易事。編製時必須顧及下列各點:

甲、選材

子關於智力測驗之材料選擇

(一)材料當豐富　人之智力極複雜,材料種類愈多,則所測者愈正確,故選材極非易事。

(二)材料當精選　材料太多則需時多,且有許多材料與智力無關。故當精選關於智力之材料如理解問題等。

(三)材料當普遍　爲比較起見,測驗所選材料不宜有時代性及地方性,須各時各地皆合用,不可偏於局部。

(四)材料宜適合年齡　人之智力自幼年至壯年與年齡約成正比例,故測驗所選材料亦當與年齡成正比例,其質量兩方面皆當視年齡而增其程度。

(五)材料程度宜有高低　同一年齡者智力有高低,故測驗所用材料,亦宜有高低，務使最難者雖智力高者亦感其難，最易者雖智力低者亦未覺不難。

丑、關於敎育測驗之材料選擇

(一)宜合於目標　所用測驗若目標在診斷，則材料宜各方而俱備，若目標在驗某種能力則僅選與該種能力相關之材料卽足。

(二)宜合於程度　所用測驗，宜合學生程度若爲低年級學生用者，不可用年級程度太高之材料，致無結果。

(三)同上(三)。

(四)同上(五)。

乙、製題

關於智力及敎育測驗之製題，玆提出下列數點討論之。

(一)文字宜顯明　凡意義晦而不常見之文法及字均不宜用。意義相似之文字，不可用於一題中。

(二)問題宜簡要　測驗之目的卽在於最短時間內考學生之程度，故問題不可繁瑣而不着要點。

(三)答案不可爲問題所暗示　問題之中不可含有暗示答案之字句，使答者可猜出。

(四)答案不宜有機遇之可能　答案應使凡知之者極易得，而不知者任意答之，殊少成功。機遇愈少，分別愈易。

(五)問題及答案之編製宜有參差　編製若一律，易於猜着。除有特別原因外，問題及答案之編製宜有變換。

人數與可靠程度

觀以上各點，可知測驗之編製極非易易，非極有經驗者不宜從事。編製既就，尚須試測，如有不妥之處，宜隨時改正。未試過或僅試過少數人之測驗，可靠之程度殊少。蓋測驗編製之根本原則是從統計上的分配論中得來。此種理論以爲人類各種性格個別之分配有一定規律，此規律若以圖表之，則得常態曲線（見前）。惟此項規律非人數衆多不能適合，人數愈多則其分配之關係愈近於此曲線。反而言之，若吾人測驗一種性格，其所得之結果若不合於此曲線，則所測者非正確，其故或由於測者不忠於事，或人數太少，苟不然者必由於材料不合。編製測驗後應得曾經訓練澈底明瞭測驗方法者，實地測驗極多之人，始可知此測驗是否可靠。編製僅就一種之假定爲之。某種測驗之可靠程度，全賴實施時詳細研究而後知之也。

中國之各種測驗

我國自麥柯於民國十一年東來後，對於測驗之編製，曾聚若干專家合作，得測驗表格二十餘種。麥柯爲桑代克之高徒，對於測驗之編製本極有經驗，復得十餘專家爲助，宜乎成績昭著。茲訂各種主要測驗之名稱列左：

甲、智力測驗

團體智力測驗——廖世承編

非文字智力測驗——德爾滿編

訂正比納西蒙智力測驗——陸志韋編

乙、教育測驗

小學默讀測驗——陳鶴琴編
中學默讀測驗——陳鶴琴編
小學算術應用題測驗——俞子夷編
小學混合四則測驗——俞子夷編
初小默讀測驗——陳鶴琴編
小學默字測驗——陳鶴琴編
小學常識測驗——陳鶴琴編
英文混合測驗——安特生編
教育測驗——查良釗編

此外尚有未得標準之測驗若干種茲不贅述。

以上各種測驗，大都初編後先試百餘人或二三百人，以定材料之去取，再試多人（至少二三千人愈多愈妙）以定常模。

常模者每種年齡或年級各兒童所得之平均分數也。

美國各種測驗之常模因爲歷史的關係各種測驗由各專家隨時編製，故所定分數各人不同。如吳狄(C. Woody)之算術四則測驗之各年級常模如下：

年級	三	四	五	六	七	八
加	一四、五	一八、三	二三、一	二九、八	三二、四	三四
減	一一、二	一五、七	二〇、四	二五	二八、五	三一、七
乘	四、七	二、一	一八、三	二六、一	三〇、六	三二、九
除	五、八	九、九	一六、五	二三、八	二七、四	三〇、一

孟羅(R. S. Monroe)之默讀測驗之各年級常模又如下：

年級	三	四	五	六	七	八
正確	四、二	七、二	九	九、九	一一、三	一二、五
速率	八六	一二一	一三七	一四七	一六〇	一七七

皮奈之智力測驗則分年編製，每年有問題一組，凡能答某組及某組以下之各問題者，則其智力年齡等於該組所定之年齡。例如某兒童能答六歲及六歲以下

智力商數

各組之問題，則其智力年齡爲六歲，換而言之其智力與一般六歲兒童之智力相等。爲比較起見，有所謂智力商數者。智力商數爲智力年齡被實足年齡所除之商再乘一百之數。例如某兒童之智力年齡爲六歲而實足年齡爲四歲，六被四除，得一、五再乘一百得一五〇，此一五〇卽彼之智力商數。彼之智力較之普通一般兒童智力爲高，因一般兒童非實足六歲不能答此種問題而得此智力年齡也。照此智力商數，吾人分配人之智愚約如下列：

智力商數	智愚等級	百分分配數
一三〇以上	天才	一
一二〇至一二九	上智	五
一一〇至一一九		一四
一〇〇至一〇九	常智或中智	三〇
九〇至九九		三〇
八〇至八九	下智	一四
七〇至七九		五

七〇以下　　愚魯　　一

我國編製測驗時，麥柯教授已在美研究測驗上統一單位方法，來華後卽試用新單位。此種新單位有T．B．C．F．四種分數。

T分數之意義

T分數通常以十二歲爲參照點，常模爲五〇。換而言之，凡十二歲平均能力之兒童，所得T分數爲五〇。如某兒童所得之T分數爲七〇，是其分數比十二歲兒童之平均能力高二〇T，若所得之T分數爲三五，則其分數比十二歲兒童之平均能力低一五T。故T爲表示某兒童對於某種智能之總能力。

B分數之意義

B分數則各年齡或年級之常模皆爲五〇，換而言之，不論何人B分數得五〇者，卽其能力爲最平均或最普通者。如其B分數在五〇以下，是其能力在一般兒童之能力以下，故B分數爲表示個人或全班和同年學生之能力比較。年幼之學生，T分數大都不高，而B分數却有甚高者。反之，年長之學生，T分數大都不低，而B分數却可有甚低者。蓋T分數乃與年俱進，而B分數可每年相同也。

C分數之意義

C分數乃表示年級地位者。如某生之C分數爲六，卽表示其能力與初入六年級生相等，如爲六·五，卽表示其能力與六年級生平均能力或常模相等。若已在六年級之中而C分數爲五·五則應降低一班。

F分數之意義

F分數乃一種努力分數而表示一人所受之教育是否與其智力相稱。假如某生之智力測驗T分數爲四五，算術測驗之T分數爲四〇，是未盡施其才能也。反之，有人之智力測驗T分數僅三四而算術測驗之T分數爲三五，是其努力程度勝於前生多矣。

新單位之便利

吾人若以各種測驗試某兒童，得其T B C F分數，卽可知其總能力（卽與普通十二歲兒童較）如何？與同年兒童較能力如何？年級是否相當？教育是否相稱？（或努力程度如何？）此種新單位實予吾人極大便利也。

至於各種測驗之T B C F分數之求法詳各測驗之說明書內，茲不贅述。

測驗之根於統計前已言之。茲將統計學中重要名詞及事實約略介紹如下：

一、衆數　衆數者，人數最多一項之數也。例如第二章中所列之身長以一五六糎至一六〇糎者爲最多，衆數卽一五六加一六〇以二除之所得之商爲一五七·五。

二、平均數　平均數卽普通算學所常用者，以總人數除總分數所得之商也。

三、中數　人數上下二半相等一項之數也。例如二十四人之分數分配如下：

分數	人數
一五——二五	二
二五——三五	○
三五——四五	三
四五——五五	六
五五——六五	五
六五——七五	四
七五——八五	二
八五——九五	二

人數之半爲一二。則中數爲第十二十三二人之間之分數。第十二人適爲五五——六五之第一人，而五五——六五有五人，此五人可相差十分，故第十二人第十三人間之分數爲五五加 $\frac{10}{5}$ 卽五七是也。

以上三種皆用以表明分數之集中趨勢者也。若分配恰當，有如上所述之常態分配，則集中趨勢僅有一個，而衆數平均數中數皆同爲一數。若分配極不均衡，可有多個集中趨勢，以圖表之有如左狀，則衆數平均數中數各不同矣。

實際各人分數之分配既不能完全合於常態分配，則僅憑衆數平均數中數等猶不能知其分配狀況，而必賴於差異量數之求得。差異量數之種類如左：

差異量數

一、全距離　卽自最低分數至最高分數之距離也。

二、中數差　約中部百分之五十或二分之一之距離也。

三、平均差　約中部百分之五十七·五之距離也。

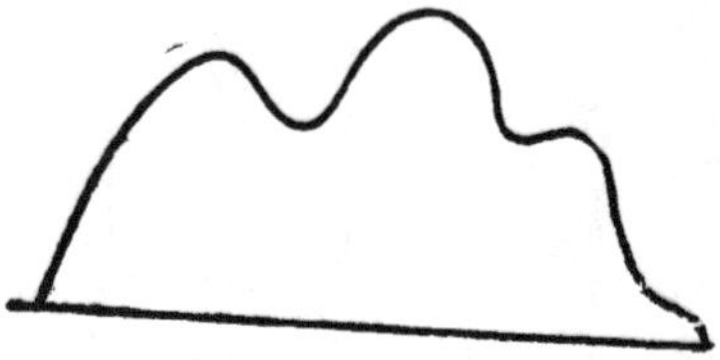

四、均方差　約中部百分之六十八之距離也。

以上三種差異量求法有甚繁者，茲不贅述。

相關係數

此外尚有研究兩種或兩種以上分數之關係者，則當求相關係數以明之。相關係數如爲正一則相關度最高，如身長者體必胖，身愈長體愈胖則相關係數爲一。反之身長者體必瘦，身愈長體愈瘦則相關係數爲負一。凡相關係數爲負小數則相關度皆反，若相關係數爲正小數則相關度皆正，相關度之密切與否視數之大小而定求法詳各統計學書中。

統計之用處

統計固不僅於測驗時有用，用於他處者亦不少。如學生年齡，身高，體重，就學勤惰，學校財政狀況，學校衛生狀況，學生歷年人數，每生用費，等等，皆可用統計方法及圖表以表明之。

此種統計，吾國學校中固未嘗無用之者，惜多呆用而未能活用。吾人之所以求種種統計者非僅便於明了事實而在利用統計以考一切優點及劣點，藉求進步也。

比較之功用

是以統計之第一功用，在能於極短時間內明了種種事實，凡數量圖表之足以達此目的者皆當利用之。

統計之第二功用在便於比較。橫的方面如關於各種之本校與他校之比較，及本校各級比較，等。縱的方面如本校歷年之各種比較，等。如此始可知本校優點何在，缺點何在，歷年進步或退步。

中國人每不願暴露缺點，殊不知無缺點，焉有進步？校與校之比較，一地與一地之教育比較，實爲謀教育進步之重要步驟，此學務調查之所以有賴於統計也。

本章參考用書：

Hines, C.H., A Guide to Educational Measurements, Houghton Mifflin Co., Boston, 1923.

Monroe, R. S., An Introduction to The Theory of Educational Measurements ditto,

McCall, Wm. A, How to Measure in Education, Macmillan Co., 1922.

The Seventeenth and Twenty-first year books of the National Society for the Study of Education, Public School Publishing Co., Bloomington Ill.

McCall Wm. A., Scienlific Measurement and Related Stadies in Chinese Education, C. N. A. A. E. Balletin, 中華教育改進社出版商

務印書館發行
測驗概要　廖世承　陳鶴琴編　商務印書館
教育測驗綱要　華　超編　同上
測驗與統計名詞漢譯　朱斌魁編　同上
測驗統計法概要　俞子夷編　同上

第八章　課外事業

本書第六章中嘗論及教育之四大目標，曰健康，曰社化，曰文藝，曰職業，而以爲課程之第一功用卽在使學生獲得關於人生之健康社化文藝及職業上之各種技能知識。顧關於此四種之技能知識非僅可於課程中得之，於課外事業中亦未嘗不可得之也。

課外事業之範圍

課外事業之範圍甚廣，舉凡正式功課外之一切活動，若社交，若娛樂，若演說，若辯論，若各種集會，若課外工作，若遊戲及運動，等皆是也。如就時局計算，學生之勤學者，或所費於功課時間較多，其好活動者除上課及必須之自修外，在校時間幾全費於課外事業，甚或缺課以爲之。

課外事業之重要

課外事業非僅指校內課外之一切活動，凡通學生出校後在家庭或社會中一切活動皆當在內而應爲掌教育者所注意者也。

教育既卽爲生活，是課外事業實教育之一部分。況近代學校中課程多硬化而不切於生活，課外事業於人生之影響實較課程爲尤大，學生在課外事業中所得之益甚多，然若行之不當其害亦大。

課外事業之種類極多，茲舉其重要者，一一論之。

團體生活

一、全體大會　全體大會爲一校所必不可少之集會。此種集會有每日一次者，每週一次或二次者，每月一次或二次者，每學期若干次者，其目的在集全體教職員學生於一堂，或作訓話，或唱歌，或演劇，或報告大事，或慶祝節典，或請人演講，……故其性質爲社化，或文藝，使全體感團體生活之重大，及關係之密切。

二、其他會集　其他會集多爲全體之一部分。其目的或爲娛樂，或爲友誼，或爲切磋學問，或爲聆人演講，或練習口才，或練習樂歌，或屬於宗教，或屬於職業，……。其範圍或爲同級，或爲同鄉，或屬於一團體……。效力雖不及全體大會，功用則一也。

學生會

三、公益事業　所謂公益事業，乃指與學生全體有關之一切事業而言。主持此種事業之重要機關往往爲學生會。學生會之職員多從選舉而來，亦有取分級代表制者學生會之組織完備者，有司法立法行政三部，行政部下置各委員會分掌各種事務。凡關於學生全體之一切事業，多由學生會辦理。學生會執行之事務有為吾人所宜特別注意者為販賣及饍食。今日各校設販賣部者頗多，販賣部販賣一切文具書報食品等物，為學校中唯一市場，主持者或為學生或為職員而輔以學生。饍食一項，各校中有歸學校主持者，有歸學生自理者，亦有師生合作者，惟漸成各校中一重要問題，此不可諱言之事實也。

販賣及膳食

四、社會服務　在教育未普及之中國，受教育者每以先覺自居，於是社會服務成為學生課外之重要事業。社會服務之範圍亦甚廣大，大之如游行演講，小之如植樹等皆是。自五四運動以後，學生中多有因救國而忘讀書者，今則反動漸生，知救國讀書重要相等者日多。年齡較長之學生以公民資格作政治運動，固無不可，若年齡幼稚，尚未了解政治之學生，亦盲從而游行，殊未盡合教育原理。至社會服務，若平民夜學，若築路，若鄉村通俗演講等事，皆甚重要，惟當勿因一知半解，即自詡為無所不知耳。

政治運動

五、出版事業　出版事業有由學生會主持者，有獨立組織者。其性質或僅登校聞，或兼及言論及文藝或爲通俗宣傳之用。近年以來，因學生運動之澎漲，學生出版界亦過於發達，一切言論頗有强不知爲知之弊，此當教育之衝者，所宜留意也。

六、工作　工作者指一切生利之事業而言。外國學校之學生每於課外任工作以得利，或藉以補助學費。此種工作有勞心者有勞力者。中國學生向不習於工作，課外工作者甚少，卽有之多偏於勞心之事，如作文，投稿，繙譯，教課之類。現在學生多來自中等以上之人家，將來一方面經濟競爭日烈，一方面教育普及，中等以下人家之子弟亦須入學，以勞工而求中高等教育者必日衆，則兼工兼讀，殆爲必然之勢也。

工讀生活之不可免

七、教育及職業指導　近年以來，求學者日多，畢業者亦日多，升學問題及擇業問題，日見複雜，於是不得不有賴於指導。指導之方法，或演講，或參觀，或實習，或調查，重事實及客觀的研究，務使各得其所，間接於社會影響殊大。

以上所舉爲課外事業之大端。課外事業之有益於學生，已於本章之首述及，辨教育者對此種種事業當取何態度？旁觀歟？參加歟？教育既為生活，故對學生之課外事業，不當取旁觀態度。然則參加之道若何？

一、指導　國內各校除最前一項由學校主持及最後一項有少數學校近來注意且加指導外，對於其他事業，指導之處極少，結果流弊極多。指導之法：（一）如經費充足者可聘專家，蓋課外事業之重要未必不亞於課內，且非有研究者指導之，難收實效；（二）指定一二教職員任指導之責；（三）由教職員組織一委員會任之；（四）師生合組委員會任之。上列諸法各有利弊，然無論有專家與否，當以師生合組委員會之法為最妥。

指導之方針若何？

（一）認清地位　指導非干涉，更非管理，此不可忘者也。課外事業萬勿因指導而受壓迫，學生之自動力責任心，當逐漸養成，使出校入社會後得藉此經驗，行為有所依據。

（二）因勢利導　一人之思想活動繼續不斷，其中有佳者，有不足取者。當局者迷，惟賴指導之人就其佳者因勢利導之。此蓋非久與學生接觸且具慧眼者，不能任之。

（三）注重平均發達　人在兒童及青年時代，於某種事業偶有所成，則喜繼續爲之，其他事業不願聞也。指導者當使平均發達，勿專於此而忘於彼。此指個人而言。若就全體言之，則往往一種或各種事業爲少數人所把持包辦，指導者一方面勸事業太多者減少，一方面勸不活動者多所參加。

績點制

某校有用績點制者，如凡每週開會之會長爲五點，幹事爲四點，書記爲三點，會計爲二點，每二週開會者半之，某刊物之總編輯七點，分編輯四點，……等。無論何生，任事不得過十二點。

最低標準制

又有採取最低標準制者，卽無論何生，如課內成績不及若干分不得任課外事務，得若干分者可任若干點，皆求其平均發展也。

學生自治

課外事業中最不易指導者爲學生自治及運動二項。二者近年來皆有畸形發展之勢，故特提出討論。學生自治誠爲施行公民教育（社化教育中之最重要者）之好方法，但行之得當，殊非易易。中國人素昧於民治原理，成人中智識階級猶且不知如何選舉，如何運用議會，焉能望於一般之兒童？今日各校當局對於學生自治之問題，因應付困難，每取極端而干涉或放任辦法，實則過猶不及，流弊正同。欲求學生自治之有效，須一方面養成良好校風，一方面勿過於重視此種事業。中國人處於專制政治之下已數千年，一旦得有選舉及自治之權，每好擅用，學生亦然，一言及自治，往往以學校主人翁自命，以為一切校章當由學生規定！殊不知自治乃一種責任而非權利也。西人得自治必經若干奮鬭，一方面覺不自治之苦，一方面因得之不易，故能運用得當，然亦經若干之歷程而後成。若有良好之校風，初行時自小處做起，以謀公益為的，逐漸擴大其範圍，藉以練習公民一切責任，庶或利多害少。

自治乃責任非權利

邇來學生好競技，各處亦多開運動會，并常聞有校際比賽之事，此好現象也。惟往往因欲充選手，拋棄一切功課及其他事業，得充選手或比賽得勝，即趾高氣揚，他人亦交相稱譽，此於教育原理殊多不合。競技一事，大學及中學高級生為之猶可，年幼者實不相宜。即大學及中學高級生亦不宜行之過度，可用績點制及最低

運動之畸形發達

成績制限止之。一方面宜提倡普及運動，及自身比賽以求進步。爲求與德智羣各方面平均發達起見，可行選模範學生之舉。

模範學生

所謂模範學生卽德智體羣四育皆屬上乘，而爲人人所欽仰以中選爲榮者也。四育之標準質量兩方面宜皆爲明白之規定，庶乎具體而客觀，選時不致有偏倚不公之弊。茲錄美國斯配野中學所規定之標準如左（原文見 Teachers College Record, Seprt., 1919）：

一、體育

甲、能做十種體操，易而正確　二十分

乙、六個月中矯正關於眼鼻手足之畸形發展　十分

丙、能做拳術中五種攻人及自衞法　十分

丁、每次體育課必到　十五分

戊、行坐姿勢正確，且六個月中練習一種運動得八十分以上　十分

己、證明每早晨操及行深呼吸運動　十五分

庚、證明五個月中曾作五十至百英里之旅行或每星期除正課外至少運動二次　二十分

辛、級際選手　十分

壬、校際選手　十五分

二、羣育

甲、任一個或數個會之會員一學期中至少到會十五次　十分

乙、任一會職員或公益事業成績昭著　十分

丙、社交分數經評判在八十分以上　十五分

丁、除本級外至少曾與五十個同學往來且知其姓名　十五分

戊、證明曾助同學（至少五個）研究學術改良習慣及運動上之帮助　二十分

己、帮助某同學使德體智三方面之一有顯著進步　五—二十分

庚、幫助教職員事務在四星期以上　二十分

辛、在德智體羣各團體中常處於領袖地位能不辭勞怨熱心爲公　二十五分

三、智育

甲、一學期中無一門功課得下等　二十五分

乙、緊急時解決問題之能力經評判得八十分以上　十五分

丙、閱讀參考書占其大半，且了解能對答各種問題　四十分

丁、除正課外能自修功課五次以上且有報告者　十五分

戊、能設法使各種體育功課增加興趣五次以上且有報告者　二十五分

己、作一種樂歌或歡呼經大衆採用者　二十分

四、德育

甲、一學期中公平心及自治能力經評判在八十分以上　二十分

乙、一學期中勇敢心及純潔經評判在八十分以上　二十分

丙、證明能設法使全級反對某人或某某人行爲及言語有損校譽者　二十分

丁、以一百字寫出對於勇敢，公正，自治及純潔等觀念無誤者　三十分

凡模範學生總分數至少須三百八十分且至少上列四項每項中占七十分。若總分數能得四百三十分則有特獎。每學期由教職員三人及學生代表三人決定何人爲模範學生而公布之。

我國江浙各中小學近亦有各種具體方法評衡學生之品格，如「好學生」「模範學生」等。惟大都條文太多，用時注意力頗難集中。東南大學附屬中學有所謂十大信條，卽尊重，信實，忠誠，互助，友愛，謙恭，快樂，節儉，勇敢，清潔十項，惜較抽象。近聞上海浦東中學有選舉模範學生之事，但不知其詳。

此種選模範學生之舉於校風頗有影響。至所具標準，當然應視各校情形而易，惟規定愈具體愈精確簡單則易實行而無流弊。

近來有一事雖非在學生課外事業範圍以內而實大有關係者，卽學潮是也。

學潮調查

近數年來學潮之來，除寒暑假外，幾無月無之。楊中明常道直二君曾於民國十二年各將十一年度發生之風潮作爲統計。（參看新教育六卷二期及教育雜誌十五卷四號）楊君之調查係以時事新報所載爲主體，兼及申報，晨報，益世報，惟後數種不全。常君之調查則根據晨報，申報，時報，時事新報，民國日報等。楊君所調查者，除教育團體外，各學校學潮之次數如左：

專門及大學	中等學校	小學	共計
三四	六三	四	一〇一

常君所調查者則如左：

專門及大學	中等學校	小學	共計
二四	七七	一一	一一二

二君所調查者均爲十一年度之學潮，而次數不同，可見均有遺漏，若就二者之較多數合計當如左：

專門及大學	中等學校	小學	共計

三四（楊）	七七（常）	一一（常）	一二一

學潮原因

學潮之原因約如下列（一）反對校長，拒絕新校長；（二）反對教職員，拒絕新教職員；（三）挽留舊校長；（四）挽留舊教職員；（五）反對考試，（六）反對學校當局之處分；（七）對於學制課程之要求；（八）對於經濟公開之要求；（九）反抗增加費用；（十）反抗辱沒人格之待遇；（十一）學生間自相爭鬭；（十二）學生因一時激忿破毀學校器物。

經過及結束

其經過則大多數爲學生罷課，亦有不罷課或教職員罷教者。楊君中明說：在學校學潮的經過中，似乎有一個很普通的歷程，就是：「先由學生方面驟起暴動，封鎖門戶，斷絕交通，毆辱校長（或職教員）；繼以罷課，打電報，發宣言，請願官廳，求援外界。後由校長呈報官廳，藉助軍警之力來開除學生或解散學校。」

據常君之調查，風潮之結束六十五次中，其辦法分配如左：

調停	校長去職	開除學生	風潮未成	休業
一三	二一	一五	七	四

解散	職敎員去職	共計
四	一	六五

風潮延長之日期則據常君調查所得小學一次凡十日，中學二十次凡六二五日，內計最長一一〇日最短五日，大學及專門十五次凡五〇五日內計最長一三〇日最短五日。

由此觀之學潮於施敎者及受敎者皆無利益，而犧牲甚大。二君所調查皆十一年度之學潮，若有人能將十一年以前及十一年以後者一一統計之，其事實必更可觸目驚心！

治本方法

顧倬先生嘗本其十餘年在敎育界之經驗而作學潮研究。對於消弭學潮，作下列之結論：

就學校論

校長須有高尙人格，須有相當之學識經驗，進身宜正，處事宜勤，勿徇私，勿畏事。

敎職員須愛護學校，爲學生之模範，宜負責任，富研究，俾敎學相長。

學生宜以學業爲前提，盡心研究科學，自治重精神，不重形式。

愛國運動，學校教職員學生共同之責，宜激勵鐵血主義，勿排外，勿感情用事。

文化運動，各校教職員學生均有相當之責，以造成本自科學之應用爲主旨，以自立立人自達達人爲大則。

團體生活，宜尊秩序，宜有互助精神。

就官廳論

教育行政長官，對於財政用人，宜負全責，改造學風，宜有正當之主張。

就社會論

社會同人均有輔助學校之責，宜發表正當之輿論，指導教育者及受教育者。

余以爲學潮之發生，往往由於教職員學生兩方面皆責人重而責己輕，且均以學校主人翁自命。若本互愛互助之精神，學潮未有可以發生者。

學潮之裏面，往往由於少數教職員或學生或兩方面，效政客之操縱，藉以出風頭或於中漁利，此種人實無愛校之心，且終有失敗之一日也。

本章參考用書

(關於本章之參考書極少,茲略舉一二)

Foster, Extra-Curricular Activities in the High School Johnson Publishing Co., New York, 1925.

Johnston the Modern High School, Chaps XVI-XIX, Scribners, New York, 1916.

中華教育第十五十六十七章　廖世承編　商務

學潮研究　顧　倬著　中華

第九章　學校制度

新教育與學制

前數章所討論者爲教育各方面之問題，乃一種橫剖面之研究。合此種種，成爲完全之教育。本章述各種教育機關之等級及其系統。舊教育之目的在養成統治人才，故學校亦爲貴族式。當時之國家僅備高級學校，初級教育則或於家庭中或聯合數家設校施之。近世教育一方面注重提高，一方面設法普遍，初等教育遂爲各級教育之基礎，其上爲中等及高等教育，學生入學按級上升，有如階梯。

中國新學制史

我國古時本有各級學校，然其目的在造就統治人才，並不普及，且自唐宋以還，盛行考試制度，學校漸成爲一種形式，不過爲偶而講學或會課之所，平時學生並不入校研究。及五口通商，日本崛起，清室感新教育之重要，於同治元年（一八六二）設同文館於京師，旋於上海廣州設方言館，是爲新式學校之發端。日俄戰後，清室欲奮發圖強，於光緒二十七年諭令各省設大學或高等學堂，各府廳直隸州均設中學，各州縣均設小學，並多設蒙養學堂，其制度之系統如左

光緒二十九年學校制度復經修改，其結果如下圖：

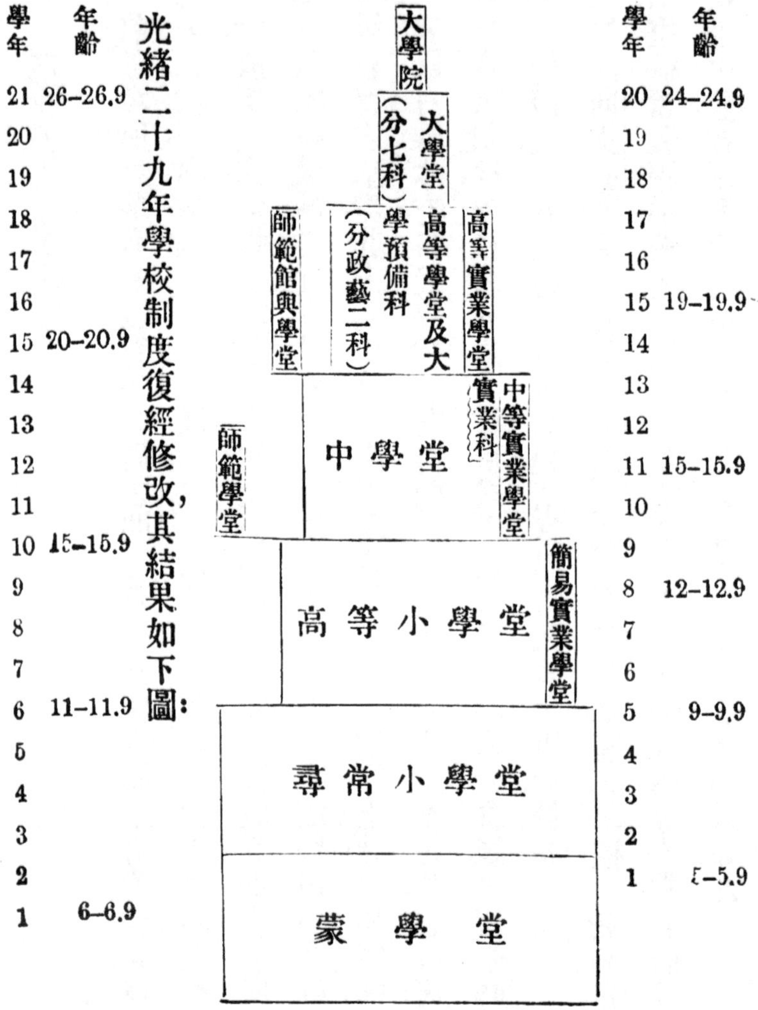

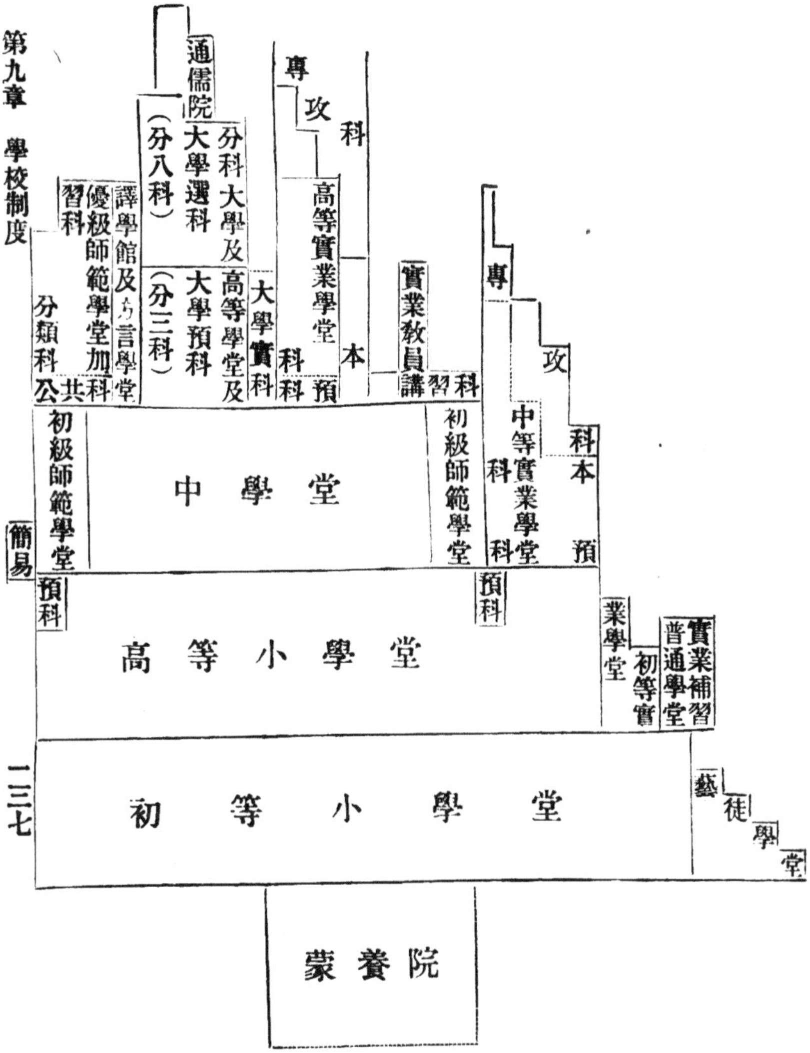
通儒院
大學選科
(分八科)
分科大學及
大學預科
(分三科)
高等學堂及
大學實科
專攻科
高等實業學堂
本科
預科
實業教員講習科
譯學館及方言學堂
優級師範學堂加習科
分類科
公共科
初級師範學堂
中學堂
簡易
預科
初級師範學堂
預科
專攻科
中等實業學堂
本科
預科
高等小學堂
初等實業學堂
實業補習普通學堂
初等小學堂
藝徒學堂
蒙養院

民國成立，教育部召集臨時教育會議修改學制，旋頒布學校系統圖如下：

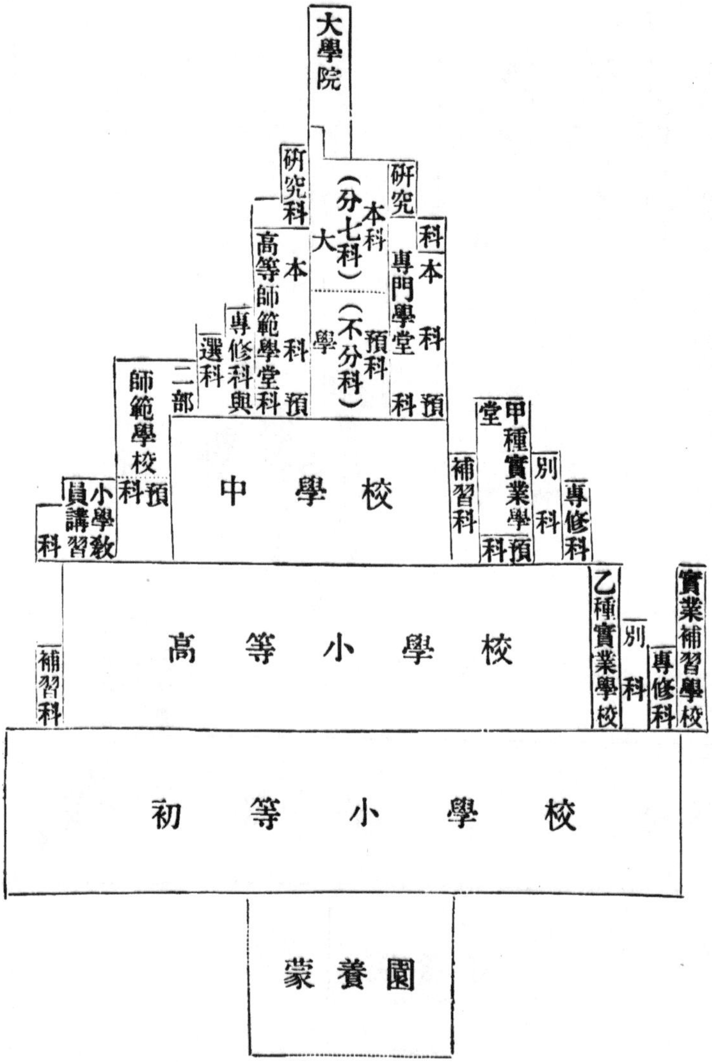

學年	年齡
18	23–23.9
17	
16	
15	
14	
13	
12	17–17.9
11	
10	
9	
8	13–13.9
7	
6	
5	10–10.9
4	
3	
2	
1	6–6.9

民國八年全國敎育會聯合會開會，有人提議改革學制。翌年提出議案者有安徽二案奉天雲南福建各一案，惟以事體重大，延未解決。直至民國十年開會時始有所議決，十一年敎育部復召集學制會議，擬定學制，是年再經全國敎育會聯合會通過始行公布如左：

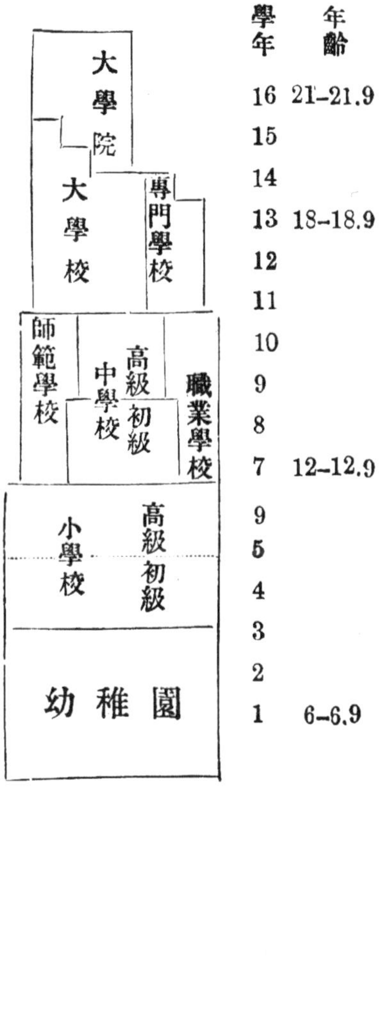

以上所述爲我國學校制度形式上變遷之大概。我國最初學制脫胎於日本，最近則取法於美國，欲明學制之精神，不可不先研究各國之學制。

學制之形式與精神

西洋各國之學校制度，最初亦係貴族式，目的在造就統治人才，故先有大學及爲升入大學而設之預備學校。十七世紀之際，德之一小邦首行普及教育，爲平民設小學，强迫入學，授以普通智識，然並不希望小學畢業生升入中學或大學，但求略得寫算智識，得爲良好小百姓足矣。其後各國設小學者，均本此旨，惟英國初未行强迫制度，但有一二慈善團體，憫平民兒童之無知無識，爲設小學，及此項小學漸多，始由政府補助耳。（小學史後詳）故歐洲大陸及英倫島國之學制初均爲雙軌制，貴族子弟在家庭受教或入私塾至九十，或十一歲時入大學預備學校，畢業後入大學。平民子弟則入小學，小學畢業後則入各界服務。

歐洲學制史

十九世紀以來因科學發達，工業革命，於是貴族或學校中漸加實科功課，大學預備學校分文實各科，大學中亦設理科。平民子弟在小學畢業後更入職業學校，蓋工廠制度既行，徒弟制度不得不學校化也。

單軌制之創始

美既獨立且醉心於民治，各州學校制度均採單軌制，不論何人均先入小學，再入中學及大學。惟新英倫諸州，中人以上之子弟，亦有特設之中學及預科而不入一般之小學者，不過少數耳。

雙軌制之變通

民治精神既漸普及於歐洲，雙軌制形式上雖多保留，然精神上則不得不變更以適應潮流。平民子弟之資質高者漸准予入中學及大學。至於今日，英國之平民子弟，凡資質稍好者，莫不有入中學之機會。蘇格蘭之學制自始卽爲單軌，平民子弟得入大學者甚多。德自歐戰後，改政體，學制亦變，兒童一律入國民學校四年，然後資質佳者選入大學預備學校，次者入高小及職業學校。俄國兒童一律入勞動學校後再分途深造。雖大學亦開放，毋須中學或其他程度相等學校之畢業證書。法國夙以保守名，然最近（一九二三）亦將大學預備學校開放，收容資質較高之小學生，且增設獎學金，以鼓勵貧苦兒童入學。歐洲及英國之大學預備學校，初非介乎高初等之間之中等學校，今已不得不然矣（後詳）。

今日歐洲各國猶嚴格的行雙軌制者僅荷蘭西班牙意大利諸小國，而此諸國亦必將受德法諸國之影響而有所改革此蓋無疑義者也。

日本之學制

日本之學制，本脫胎於法國，爲變相之雙軌制。凡兒童至六歲均入尋常小學，尋常小學畢業生則或入中學或入高小。入中學者可循高等而入帝國大學或升專門學校。入高小者可升師範及實業學校，轉入專門者間亦有之，升大學者則絕少也。

中國新學制之特色

中國學制最初雖抄自日本，然置高小於初小中學之間，故不得謂之雙軌制。至於現制取縱橫活動主義，入學升級之標準均以智力與成績爲鵠，實際則以中學以上費用頗大，經濟力不足者雖有相當之智力及成績不克入也。惟以現制爲懸定目標，較之舊制，實勝多矣。

茲將現制公布之標準及分段說明錄左（參看前數頁之現行學制系統圖）：

標準

（一）適應社會進化之需要，

(二)發揮平民教育精神，
(三)謀個性之發展，
(四)注意國民經濟力，
(五)注意生活教育，
(六)使教育易於普及，
(七)多留各地方伸縮餘地。

說明

一、初等教育

(一)小學校修業年限六年。

(附註一)依地方情形得展限一年。

(二)小學校得分初高兩級，前四年爲初級，得單設之。

(三)義務教育年限暫以四年爲準，但各地方至適當時期，得延長之，義務教育入學年齡，各省區得依地方情形自定之。

(四)小學課程，得於較高年級，斟酌地方情形，增置職業準備之教育。

(五)初級小學修了後，得予以相當年期之補習教育。

(六)幼稚園收受六歲以下之兒童。

(七)對於年長失學者宜設補習學校。

二、中等教育

(八)中學校修業年限六年，分為初高二級，初級三年，高級三年，但依設科性質，得定為初級四年，高級二年，或初級二年，高級四年。

(九)初級中學得單設之。

(十)高級中學，應與初級中學並設，但有特別情形時，得單設之。

(十一)初級中學，施行普通教育，但得視地方需要，兼設各種職業科。

(十二)高級中學分普通，農，工，商，師範，家事等科。但得酌量地方情形，單設一科，或兼設數科。

(附註一)依舊制設立之甲種實業學校，酌改為職業學校，或高級中學農工商等科。
(十三)中學教育，得用選舉制。
(十四)各地方得設中等程度之補習學校，補習科。其補習之種類及年限，視地方情形定之。
(十五)職業學校之期限及程度，得酌量各地方實際需要情形定之。
(附註三)依舊制設立之乙種實業學校，酌改爲職業學校，收受高級小學畢業生，但依地方情形，亦得收受相當年齡之修了初級小學學生。
(十六)師範學校修業年限六年。
(十七)師範學校得單設後三年，收受初級中學畢業生。
(十八)師範學校後三年得酌行分組選修制。
(十九)爲救濟初級小學教員之不足，得酌設相當年期之師範學校，或師範講習科。
(二十)爲推廣職業教育計，得於相當學校內，酌設職業教員養成科。

三、高等教育

（二十一）大學校設數科或一科均可，其單設一科者稱某科大學校，如醫科大學，法科大學，師範大學之類。

（二十二）大學校修業年限四年至六年，各科得按其性質之繁簡，於此限度內，酌定之。

醫科大學及法科大學，修業年限至少五年。

（註附四）依舊制設立之高等師範學校，應於相當期內，提高程度，收受高級中學畢業生，修業年限四年，稱爲師範大學，或改爲大學校之教育科。

（二十三）大學校用選科制。

（二十四）因學科及地方特別情形，得設專門學校，高級中學畢業生入之，修業年限三年以上，年限與大學校同者，待遇亦同。

（附註五）依舊制設立之專門學校，應於相當時期內提高程度，收受高級中學畢業生。

新制與舊制比

(二十五)大學校及專門學校得附設專修科,修業年限不等,凡志願修習某種學術或職業而有相當程度者入之。

(二十六)爲補充初級中學教員之不足,得設二年之師範專修科,附設於大學校教育科或師範大學,亦得設於師範學校或高級中學,收受師範學校及高級中學畢業生。

(二十七)大學院爲大學畢業及具有同等程度者研究之所,年限無定。

四、附則

(二十八)注重天才教育,得變通年期及教程,使優異之智能盡量發展。

(二十九)對於精神上或身體上有缺陷者,應施以相當之特種教育。

上述學制之標準及說明係民國十一年十一月由教育部公布。近年以來南北既不統一,各省復因戰事而影響於教育經費,故實行新制之地方尚不多。

新學制與民國初年學制比較,其大不同之點爲(一)初等教育段變爲純粹的普通教育,至多祇能有職業準備功課,年限亦減少一年;(二)中等教育段則大有變動，縱的一方面將大學預科消化於高級中學，橫的方面希望有各職業科俱備之中學；(三)高等教育段變動不多，所不同者專門與大學幾變為名異實同。

新制困難之焦點

由此觀之，新學制施行時，最須改絃更張為中學之上段，即高級中學是。欲得一課程完備之高級中學，非設備周全經費充足不可。處此教育經費困難之時代，除一二經費較裕之私立中學或可有成外，完美之高級中學尚未之見也。各處專門學校之改為大學者雖日見其多，然設備及程度如前，換湯不換藥，此亦由於經費不能增加之故。至於天才教育及精神上或身體上有缺陷者之教育，雖在新制有明文規定，實際上無此餘力提倡也。

新制年限與各國比較

新制自小學至大學畢業之年限總數雖較舊制為短，與他國較，大學畢業時之年齡尚不為低，而大學修業年限則較各國通行者為長，茲列表以明之。

各國各級教育年限比較表

小學	中學	大學	大學畢業最低年齡	最高學位
甲	乙		(按年升級)	

英	六	七	六	三	二一	加三年
美	六或八	同上	六或四	四或三	二二	同右
德	四	七或八	九或六	三	二二或二〇	不加
法	四	七	八	三	二一	加一年
日	六	八或九	七	三	二二	加三年
中新	六	同上	六	四	二二	未定
中舊	七	同上	六	四	二三	未定

上表小學甲爲升中學之年限，乙爲不升中學之年限。日本及中國舊制之中學年限均包括大學預科在內，實際上大學預科係中學之後段也。

結論

一國學制年限之擬定，本須兼顧兩方面，一方面爲課程之最低限度可於若干年中求得，一方面爲國民經濟力能使子弟入學若干年。此兩方面若詳細研究，決非一朝一夕所能成功，我國新學制雖經三四次之會議，然是否適合國情，須待試行。今日之新學制，祇可稱爲一種懸格，經費較充裕教育較發達之地方或可實行，其他地方僅可用之以供參考。各國學制之成功，或就已通行之學制編訂，如英美是，或政府有財力及發號令之權用種種方法使各地方通行，如德法是。日本初頒學制，亦紙上空談，全國通行，不過近年事耳。況中國今日財力既無，各地軍事政事頗在混亂狀態中耶？

本章參考用書：

Sandiford, P., Comparative Education, Dent and Sons, London, 1919,

Roman, New Education in Europe, Dutton, New York, 1923.

Reisner, E., Nationalism and Education Since 1789, Macmil'an, New York, 1924.

Educational Yearbook, Teachers College, New York, 1926.

中國教育制度沿革史　郭秉文著　商務

世界各國學制考　吳家鎮編　商務

新學制草案與各國學制之比較　袁希濤編　江蘇省教育會

全國教育會聯合會關於改革學制系統各案彙刊　江蘇省教育會

學制系統草案　江蘇省教育會

第十章　幼稚教育

胎教不可據

幼稚教育，指正式入學校以前之家庭教育或幼稚園教育而言。嚴格言之，人自呱呱墜地，即開始學習，廣義的教育亦即起手。吾國古代有胎教之說，近人亦有主張之者，以爲嬰孩在腹中即受母親一切行爲之影響，惟據專家研究，除母親因疾病毒害瘋狂等在心理上生理上發生極大變遷，或於胎兒有影響外，一切行爲與胎兒無涉，故無胎教可言。

初步之習慣養成

生後一週年中，小孩身體上及心理上均有極大之發展，此於第二章中已詳言之。此時期中雖不足以云正式教育，然幾種重要習慣，當於此時期中養成，玆舉例如下：

1 食物（喂乳）宜有定時，

2 睡覺宜獨自一床（籃），

3 不宜終日抱於手中，

4 常洗面部及身體各部並另備毛巾等。

說話之教育

自一週歲至二週歲爲孩提時期。此期中父母及其他成人之行爲，於小孩行爲之影響甚大，故成人之一舉一動皆宜注意。此期之開始，在身體一方面最顯著之發展爲走路，在心理一方面爲說話。說話之教育甚爲重要。如不說謊，發音正確，不說下流及罵人之話，見人對答清楚等，皆是。兒童歌謠，此時期可開始授之，雖意義未必易明，然一則因有連續之字句藉以練習發聲，二則作一種樂歌，藉以陶冶情感，於兒童殊爲有益。關於身體一方面者除繼續養成上列習慣外，可教以各種個人游戲，如與兒童歌謠相關之各種動作，及拋球，玩沙等類。

衞生習慣

衞生上各種習慣如洗面刷牙，（初刷時用棉花）食前洗手，便溺有定所，大便有定時，睡時息燈自睡，非與食之物不食等。家中應備適當之玩具，供個人游戲之用，且藉以練習耳目手足之感覺並學習各種簡單知識。

自三歲至六歲爲幼童期。此時期中身體上及心理上均漸可獨立，漸知人我之分，若教育不當，往往孤僻成性，不可不慎。此時期中宜有適當之伴侶，偕同游戲，如

適當之伴侶

父母經濟充裕，附近有幼稚園，可送之入園。正式之知識雖未必能學得，然得適當之伴侶游戲，殊爲有益。惟伴侶必須適當，若與有惡習慣之兒童處，則易沾染，反而有害。

幼稚園史

幼稚園創始於福祿培爾（見前）。福氏以前，孔末納司嘗有設立嬰孩學校之提議，福氏感此種學校之需要，於一八三七年在德之 Blankenburg 試辦一所，名曰幼稚園。敎授工具爲游戲唱歌及各種玩物。

福氏之敎育方法

福氏之基礎敎育方法爲「自動」及「創造」。此兩種方法皆具體的應用於幼稚園中，其方式爲（一）唱歌，（二）動作及姿勢，及（三）建造；與三種混合而每種皆備者爲語言之運用。如講或讀故事時，用唱歌來表演，用動作及姿勢來實現，用木槐，紙片，泥，等做模型，或畫圖來演述。福氏編有母親及游戲唱歌集，內列精選之歌曲游戲及圖畫。玩具有七種，皆各種式樣及顏色之形體，外加紙，沙，泥，木，等以便畫圖及製模型。課程中尚有自然研究一門，其方法爲旅行及園藝，使小孩略識自然界現象。

幼稚園之發達

彼所設之幼稚園，頗引起多人注意，參觀者絡繹不絕，不幸至一八四四年竟因負債而閉門！自後彼赴各處演講凡五年，德國各地方設立幼稚園者頗多。有 Von Bülow 夫人者助彼再開幼稚園一所，並爲之宣傳。孰料一八五二年因福氏之姪宣傳社會主義，牽及福氏，普魯士教育總長竟下令關閉全國之幼稚園。因此鬱鬱辭世。

在美國之風行

Von Bülow 夫人仍繼續宣傳，若法比荷蘭英意俄及歐洲各處，均漸有設立幼稚園者，各師範學校亦多採用福氏學說，設立幼稚園師範班。幼稚園之盛行以美爲最，各慈善家及熱心幼稚教育者，紛紛設立幼稚園，聖路易且設不收費之幼稚園師範學校。波士頓首將幼稚園作爲學校系統中之一部分，聖路易舊金山繼之，今認幼稚園爲公立學校者凡二百餘城，總數達一千五百餘所，受教之兒童凡十萬人。

蒙台梭利

幼稚教育所受影響次於福氏者，爲蒙台梭利女士（Maria Montessori 一八七〇—）。蒙女士意大利人，初習醫學，對於低能兒之教育極感興味，繼至法，從低能兒心理專家研究，歸國後任羅馬大學心病院助手，創低能兒新教法。一九〇七年得友人資助，創兒童院於貧民窟中，發明各種兒童恩物，較之福氏所創者更進一步。

蒙氏學說之特點

蒙氏學說之特點有二，曰自由發展，曰感官訓練。兒童年雖幼，然應令其有充分之自由，以發展其身心；惟自由須顧及團體之利害，凡宜有高尚優美之形式，若行爲妨害他人，或粗魯卑鄙，則不許也。故教師之責任爲引導而非命令。教育之目的，在養成兒童自治之能力，兒童一切活動，初無規律，繼而因學習而漸知不能漫無限制，終則知自制及努力之道。學習之道甚多，如方木不能置於圓孔中，大木不能置於小孔中等。

蒙氏之教育方法

蒙氏教育之具體方法爲感官訓練，如識別物之大小，輕重，色彩，粗細，等，皆用恩物，以訓練手眼。更以各種種子及沙石置於木筒中，以訓練聽官，等等。且有多種體育器械，用以練習及矯正兒童之身體各部。

兒童院

蒙氏之兒童院，無教室之形式，無整列之桌椅。僅於廣室中，備長桌，輕而小，四歲之兒童二人可舉，又有小几，散置各處，任何兒童可移動使用之。務使兒童起坐作物極爲自由。兒童或單獨活動，或與其他兒童合作均可，時間可長可短，作物之選擇亦極自由，一切均可由敎師指導，但並不支配之。

蒙氏之敎育原理及方法，幼稚園中採用者已甚多，初本用於敎育低能兒者，今且進而用於一般兒童。蒙氏繼續不斷試驗，故其原理方法用於低能兒固有效，略事變通，用於一般兒童亦告成功。蒙氏與創道爾頓制之柏女士同爲當代之女敎育家，原理及方法同點殊多，不過蒙氏之法用於幼年兒童，最長者以八九歲爲限，柏氏之法，則用於青年男女，自十歲至十七八歲之兒童皆適用之。

福蒙二氏之影響

福氏及蒙氏之學說及方法，不獨應用於幼稚園中，一方面於家庭敎育，一方面於母道及幼兒學校，亦皆有影響，蓋凡十歲以下之兒童如受敎育，均多用福氏及蒙氏所發明之各種歌曲及恩物也。今日歐美及中國之家庭，略知敎育之道者，多備兒歌唱本，兒童畫報，及五彩方木之類，未始非福氏及蒙氏之功。

母道學校，法國最多，收受二歲至六歲之兒童，此種學校多爲獨立，其附於小學

母道學校

校者稱幼稚科，收四歲至七歲之兒童，其科目爲（一）自然觀察，（二）圖畫，（三）習字，（四）故事，（五）語言，（六）地理常識，（七）算術初步，（八）手工，（九）唱歌，（十）游戲等。兒童入幼稚科及母道學校者約占全數十分之一。

幼兒班及幼兒學校

英國之兒童中等社會階級以上者，大都在家受家庭敎育，惟多聘有幼稚園師範畢業之保姆敎導之。中下流社會之兒童五歲後多入小學之幼兒班。至收受三歲至七歲之兒童獨立之學校，則稱幼兒學校。公家及私家且有爲三歲以下兒童設立之嬰兒院，父母均須作工或母親因患病及他故不能撫育兒童者，可送入院，院內有看護專家代爲撫育。

中國之幼稚敎育

我國古時之幼稚敎育，多於家庭中行之。上流社會之兒童滿四五歲時，多由父母課以識字，惟敎法及敎材極簡單而乏味。清光緒二十九年所頒之學制中有蒙養院之規定，收受五歲至七歲之兒童，敎以游戲，歌謠，談話及手技，每日不得過四點鐘。附設於育嬰堂敬節堂，附近幼兒亦可送入，以識字之乳媼及節婦爲保姆，令其傳習保育要旨，惟此種辦法，頒布後無實行者。

中國之幼稚園概況

西人之來華傳教者，憫下流社會兒童之無知，設學教之。教士之中多女子，且有來自美國而曾在本國受幼稚園師範教育者，乃於小學中附設幼稚園班。未幾，教會女學中有設幼稚園師範科者。中國人之辦學者，於光緒末年亦感幼稚園之重要，設若干幼稚園師範班，聘日人爲教授，風行一時，女子學習者頗多。惟邇來女子競尚解放，不屑任幼稚園教師，幼稚園師範多已停辦，殊可嘆也。

張雪門先生研究幼稚教育有年，嘗於北京晨報副刊中發表其關於幼稚園之調查，茲錄之如下。（此文已在幼稚園的研究內重印出）

幼稚園師範調查表

校名	曾否辦過畢業	現狀	服務地點	備考
北京女高師附設保姆科（註一）	民六民十一各一次	停辦	北京天津	國立
燕京女學附設幼稚師範（註二）	辦過	繼續	京津湖廣	教會立
京師第一蒙養園保姆班（註三）	光緒末年一次	停辦	北京	私立
蘇州景海女學附設幼稚師範（註二）	多次	繼續	蘇州無錫寧波	教會立

無錫競志女學附設保姆科（註三）	一次	停辦	不詳	私立
上海清心女學附設幼稚師範（註二）	辦過	繼續	上海	教會立
杭州女師範附設保姆養成所（註三）	一次	停辦	不詳	公立
杭州弘道女學附設幼稚師範（註二）	辦過	繼續	寧波 杭州	教會立
寧波幼稚師範學校（註一）	一次	停辦	寧波	私立

幼稚園蒙養園調查表

北京

國立女子師範大學附屬蒙養園（註一）

博氏幼稚園（註二）

崇慈小學內幼稚園（註二）

京兆第一幼稚園（註一）

京師第一蒙養園（註三）

私立京師第二蒙養園（註一）

美僑幼稚園（註二）

日僑幼稚園（註三）

天津 女師附屬蒙養園（註一）

仰山幼稚園（註二）

中西女學附設幼稚園（註二）

維斯禮堂附近幼稚園（註二）

蘇州 天賜莊幼稚園（註二）

女師附屬幼稚園（註一）

市立幼稚園（註一）

無錫 競志女學附設幼稚園（註二）（已停辦）

上海 商務書館辦幼稚園（註一）

日僑幼稚園（註二）

清心幼稚園（註三）

廣東幼稚園（註一）

中國幼稚園之種類

南通　新育嬰堂附設幼稚園（註一）
杭州　弘道女學附設幼稚園（註三）
　　　女師附屬蒙養園（註二）
寗波　幼師附設第一幼稚園（註一）
　　　星蔭幼稚園（註一）
　　　江東縣立女子高小附設蒙養園（註一）
　　　聖模幼稚園（註三）
　　　甬北幼稚園（註三）
　　　羣學社附設幼稚園（註三）
奉化　培本幼稚園（註一）（已停辦）

照張氏之分類，凡（註一）者爲普通式，（註二）者爲日本式，（註三）者爲宗教式。日本式者多脫胎於福氏辦法。重形式，教師多出於日本人教授之保姆學校。宗教式者多爲教會所辦，精神活潑，重宗教儀式，此派可稱爲西洋式。普通式者多爲公立或私立，採用蒙氏辦法，且無宗教儀式，可稱爲中國式。惜自中國式及日本式之保姆養成所陸續停辦後，保姆人才日見缺乏，來源僅教會所辦之幼稚師範數所而已。

今後之努力

吾人觀上項調查，可見中國幼稚園尚不發達，師資亦甚缺乏。吾人之所當努力者，一方面在設立模範或試驗式之幼稚園，以引起社會之注意，並供訓練師資參觀之用，同時設立幼稚園師範班；一方面在提倡正當之家庭教育，使兒童未得入幼稚園之機會者不致毫無適宜之教育。此二事今幸已由東南大學陳鶴琴教授進行。陳氏本好研究兒童心理，乃一方面創設幼稚園，作種種之試驗，一方面復以新方法教其子，就其經驗，成家庭教育一書，供一般實施家庭教育者之參考。但願陳氏能更進一步養成幼稚園師資人才，使其方法風行於全國！

幼稚園課程之最新研究

關於幼稚園課程之最新研究，有美國環球幼稚園聯合會課程委員會之報告，頗足供吾人之參考。（按此報告已由唐穀君譯出，中華書局出版，名幼稚園課程研究。）

幼稚園以美爲最發達，前已言之。上項報告係由該會調查各處幼稚園狀況，彙編而成，關於幼稚園中所用各種教材，均有精密之討論。

兒童經驗與教材

該委員會以爲幼稚園課程中之教材，當由兒童經驗中求得，如（一）由兒童與自然物及自然現象接觸所得之經驗中定自然研究之教材，（二）由兒童與人事界接觸所得之經驗中定家庭和社會研究之教材，（三）由兒童與文化產生物接觸所得之經驗中定文學音樂藝術等教材。

設計法

經驗必須有表現之機會，經過表現之途徑，始可有組織，有意義，有精采，且表現時須滿足兒童之天性，故不可不有語言，手工，圖書，唱歌，表演，游戲……等等活動。至於教授之方法，當然應用最新之設計法，就兒童動機所至，因勢利導之。根據上述原理，該委員會詳述關於社會生活，自然研究，手工，美術，語言，文學，游戲，音樂所當用之教材及活動。惟該委員會不以將讀法及書法加入幼園稚課程中爲然，除少數兒童外，此種功課不宜教授，蓋因年齡太幼故也。

幼稚園與小學初年級

該委員會頗注意於幼稚園與小學初年級之聯絡，以爲小學初年級教師，應注意並了解幼稚園之目的，教材，教法及標準，而幼稚園教師亦當注意並了解小學初年級之目的，教材，教法及標準。二者年齡相差有限，興趣多同，在學校系統中所處甚近，今日美國之研究教育者多合併討論小學初年級實可歸入於幼稚教育也。

十歲以前非必需正式教育

斯乃頓氏嘗以爲凡十歲以下之兒童，若環境優美，本不需正式教育。蓋小學初年級之正式教育，其內容殊膚淺，不學亦無傷，智力佳者此種知識可於非正式之教育得之，卽不獲得，十歲以後亦極易補習。

由此觀之，兒童十歲以前，如環境適宜，不必入正式學校，若無良好之幼稚園，幼稚教育可於家庭中行之。至於幼稚教育之注重點，不論在家庭，或幼稚園中，均爲身體各部之發展。

家庭教育之重要原則

茲錄陳鶴琴氏對於家庭教育所用之重要原則如左。

甲、普通教導法（凡十一原則）重要者如：

對於教育兒童，父母最好用積極之暗示，勿用消極之命令。

兒童好模仿，父母一方面當以身作則，一方面當選擇環境以支配之。

吾人當照兒童之年齡知識予以適當之作事動機。

乙、衛生上習慣（凡二十五原則），前已略述，茲不贅。

丙、游戲與玩物（凡二十原則），重要者如：

兒童宜有適當之伴侶。

兒童宜有與動物接觸之機會。

玩後一切物件宜整理置回原處。

玩物要「活」的不要死的。

玩物之作用非僅博兒童之歡心，乃藉以得自動之機會。

兒惡醜陋不合衛生及危險物不宜玩弄。

兒童應有圖畫，看圖，剪圖，剪紙，着色，灌花，穿珠，擊錘，塑泥，玩沙，等機會。

丁、怕與哭（凡八原則），重要者如：

父母不可與兒童懼怕之暗示。

設法免除哭泣之原因。

父母當拒絕以哭爲要挾。

戊、父母以身作則（凡八原則），重要者如：

父母對待兒童應有相當之禮貌。

不可欺騙兒童。

父母不宜彼此背面寵愛兒童。

己、兒童待人接物（凡十原則），重要者如：

兒童當自小養成收藏玩物之習慣。

對長者當有禮貌。

對用人不當傲慢。

不准兒童作僞。

不准兒童打人。

庚、責罰兒童（凡十三原則），重要者如：

不宜常責罰。

宜誘導，不宜恐嚇打罵。

宜研求兒童作惡之原因。

不宜在別人之前責打。

做錯事，當重責其事，輕責其人。

辛、增加兒童經驗（凡五原則），重要者如：

兒童能做之事令自做。

太易太難之事勿令做，以適合其能力爲度。不應禁兒童試探物質。

以上原則，陳氏均附以實例。以家庭教育爲己責者可讀原書。

施行幼稚教育之困難

今日施行幼稚教育者，最苦之事爲無適當之工具。如兒歌，如玩具，多舶來品。國內之兒歌及玩具非無佳者，惜尚無人作統系之研究。作者希望有志研究者，首從事於收集，再擇其有價值而可用者宣傳之使普及，必造福於兒童不淺也。

本書編稿既竟，悉中華教育改進社將在南京倡辦試驗式之幼稚園，并倡製玩具作者深望其有成。

本章參考用書：

Froebel, F., Pedagogics of the Kindergarten, D. Appleton and Co., New York, 1909.

Baker, E. D., Parenthood and Child Nurture, Macmillan Co., New York, 1922.

Mackinder, I. M., Individual Workin Infants Schools, Educational Publishing, Co., London 1923.

Scott, M. F., Meeting Your Child's Problem, Little, Brown and Co.' Chicago, 1922.

Montessori, Maria, the Montessori Method, tr. by. A. E. George, Frederick A. Stokes Co., New York, 1912.

幼稚園課程研究　唐穀譯　中華書局

家庭教育　陳鶴琴著　商務印書館

育兒指南　L. E. Holt 原著　阮某譯　博醫會

兒童鑑　王謳編　中華書局

幼稚園的研究　張雪門著　北新書局

第十一章　初等教育

性質及目的

初等教育爲正式教育之初步，亦爲各種教育之基礎。其目的爲兩方面：一爲中高等教育之預備，一爲與不繼續入學者以最重要之知識，使彼小之在家庭中充一健全份子，大之在社會中爲一良善國民。

年齡

其年齡則各國不同，最幼至五歲最長至十五歲不等，最近趨勢大約爲自六歲至十二三歲之教育，亦卽長童時期之教育，惟在教育未普及之國家入學年齡較長者多，以十五六歲之兒童受十二三歲兒童之教育，亦常事也。

制度

初等教育之目的既爲兩方面，故世界各國有將兩種教育完全分開者，卽凡兒童預備再受中高等教育與不預備再受中高等教育者自小分開，各有學校，此謂之雙軌制。反之若兩種教育完全不分，僅有一種初等教育機關者爲單軌制。尙有小學前期兩種不分而後期則分開者可稱爲混合制。採取雙軌制之國家，因社會中重階級，根於歷史的關係，不得不然，而最初則僅有爲升學而設一種初等教育機關也。近年以來，各國教育競尚普及，初等教育之享受爲人人之權利，於是兩種教育無從完全分開，不過一方面因義務教育年限之延長，一方面因中等教育之性質與義務教育不同，故有混合制之發生，使不升學者得繼續受普通基礎教育，升學者則受爲高級預備之教育也。

趨勢

我國古時雖有小學，然近數世紀國家對於初等教育完全漠視。新學初興，亦僅偏於高等教育，漸及於中等，初等教育則最後始注意及之。

西洋最初之初等教育

西洋各國對於初等教育本亦不甚重視。最初之初等教育機關係宗教性質，初級學校完全爲宣傳耶教而設，功課爲教義及拉丁文，教師卽由教士閒暇時充任，偶有爲訓練學生唱聖歌者，則兼授唱歌。當時之拉丁文爲歐洲唯一之文字，各國僅有方言而無文字也。

中古狀況

既而商業漸盛，商界中須用本國文字寫算，於是各大城市漸設立新式小學，以供社會之需求。此種學校始創於十三四世紀，至十五六世紀爲盛，惟不過風行於大城市中，鄉村兒童全無享受教育之機會也。同時新教成立，提倡以本國文字研究宗教，各國文字之聖經出現。印刷術復輸入歐洲，書籍大增。然初等教育機關仍不失宗教色彩，課程中僅備讀寫算而已，無他科目可言。讀法所用之書，皆宗教書籍及聖經。教法循爲個別教授，殊不經濟。

新教之功

新教徒之首領馬丁路得（Martin Luther 一四八三—一五四六）深覺普及教育之重要，一切兒童不論男女均宜入學，因此主張應由國家設立小學學校既設，兒童若不入學，可由國家强迫之。德國各聯邦首受此說之影響，一五二四 Magdeburg 城卽採用路得之計劃，撒克遜 Saxcny 邦繼之，然尚未行强迫制。

强迫教育之起源

首頒强迫律者爲威馬 Weimar 邦，其制凡男女兒童六歲至十二歲者，一律須入學，惟詳章猶付闕如。時一六一九年也。一六四二年哥他 Gotha 之大公始訂細則，兒童滿五週歲必須入學，每學年凡十個月，每日除星期三星期六下午放假外，上課六小時。兒童不入學者罰其父母，入學者不收費。科目有讀法，書法，宗教，聖樂，算術等，規模大備，其法後遍傳德國其他諸邦，至今德國教育最稱普及

原理及方法之進步

教育原理上之進步，則由於科學思想之發達，民治精神之產生。十六七世紀時

孔末納司及洛克先後打破宗教式之教育，科目大爲擴充，方法大爲革新。至十八世紀盧梭作愛彌兒創自然教育主義，貝師道（J. B. Basedow 一七二三——一七九〇）起而實行之，慈善家爲之捐資不少。其友某君且以其方法，施於鄉村兒童教育，影響甚大。裴斯他洛齊繼續試驗，注重實物教授，利用兒童經驗，一洗舊日僅重文字教育之惡習。彼所辦之易佛登學院成爲新教育試驗之中心，歐美各國均派人調查，甚且引起俄皇及他國君主之注意。

舊教所辦之學校

當十七八世紀之際，新教盛行各國之初等教育雖大有進步，舊教各國則不然。舊教徒極與新教徒水火，且極保守。十七世紀之末，舊教徒有基督教兄弟會之組織，此會設立貧民學校，初創於法，繼及其他各國，至法國革命時已有百二十二校。此種學校規則極嚴，訓育極重，體罰之事數見不鮮，惟不收學費，且用本國文字教授，拉丁文惟於高級中授之。科目則讀法，書法，算術及宗教咸具，對於師資之養成及兒童之分級頗爲注意，此其優點也。

英國之初

英國雖屬新教國，其國教派頗保守，以爲兒童教育乃家屬及教會之責任。國會之中初多貴族份子，對於貧民教育未嘗注意且亦不願貧民有知識也。十八世紀之際，慈善家憫貧民之無知無識，首組織週日學校於星期日授以寫算常識。及藍咯士德與背爾創訓導制，始引起社會對於貧民教育之興趣，藍氏嘗被國王召見，與以鉅費興學。英外學會及國教貧民教育會相繼成立，初等教育大為發達。英國之辦法漸傳入於美。紐約成立免費學校會設免費學校，訓導制盛行一時。

裴氏方法與英美

當是時也，裴斯他洛齊之新方法亦輸入英國，適英國上流社會中人感兒童教育之重要，有得裴氏之方法者設校授徒，從者頗多。既而有幼兒學校會之組織，傳布裴氏方法，設立模範小學及師範學校。美國鑒英國之成效，聘該校之優才生赴英傳授此十九世紀中葉之事。未久，裴氏方法風行全美。

赫巴脫之貢獻

盧梭重自然，裴氏重觀察，教育之原理為之一變，然應用之未易也。赫巴脫出，對於方法上始有定論，對於科目則以為歷史及文字之學亦屬重要，非如盧裴諸氏之視為有害。赫巴脫復重多方興趣，各科聯絡等說。其學說始盛於德，美之教育家復自德傳入美。其徒昌其說，成課程中心論，史期學習法，及五段教授法，此十九世紀之末人人所視爲拱璧者也。

赫氏之學說至二十世紀之初，始漸衰式。杜威之兒童興趣說起而代之，乃有設計教學法之發生。中心既搖動，教材之組織亦不得不變更，設計法之課程猶在試驗之中，將來小學課程不見科目之名稱而僅具若干之單元，亦意中事也。

杜威與設計法

新式之小學課程，其編製之原則有二：

新小學課程原則

一、自社會觀點言之，課程須表現吾人現代之環境及世界中每日生活之需要與興趣。

二、自心理觀點言之。兒童發展各時期之工作，須適應彼之需要及能力，使生活日益豐富。

由此二觀點出發，吾人須有下列二懸格：

甲、課程內容須眞合於民治精神，使兒童之具實際工作能力，處事接物能力，及抽象思攷能力者，皆有相當之教材與方法以滋發展。

乙、在方法上，兒童必須能於實際生活之過程中作積極之活動而參與之，蓋今日之生活其始也簡其畢也鉅，兒童之生活，實其基礎也。

兒童與教材

根此原則，課程之教材，當悉以兒童是否感其需要且爲能力所及爲衡當兒童生活中發生問題時，若各科教材能助其解決，則其求知之心必與日俱增。動機既具則所謂自動力創造力及自制力等必油然而生，各科之價值亦必爲兒童所領悟矣。

課程分類

就此種原則所編製之課程之目標而言，內容可分四類：

子、日常所接觸之事物，

丑、社會中所必需之觀念及技能，

寅、個人對人對己之根本態度，

卯、基礎常識及技術。

以上所述皆爲人人處於今日之世界（小之爲家庭中一健全份子，大之爲社會中一良好國民）所必具之教育亦爲初等教育中所必備之基礎教育也。

中國舊式初等教育

歐美初等教育之發達及現狀既如上述，試一觀中國之初等致育其情形如何？新教育未輸入以前，中國初等教育多於家庭及書塾中行之。書塾雖有家塾門

新式小學教育史

館，村塾，族塾，義塾，官塾之分，其內容則一；且入學者之目的，多爲考試，初等教育僅爲高等教育之預備，故祇有書香世家之子弟，或父母有志令子弟求功名者入之。教材多經傳，教法重誦讀及記憶，科目簡單，管教嚴厲，與西洋中世紀之小學，大同小異，惟缺少宗教性質耳。

新教育既輸入，初頒學制，即有蒙學及小學之設。小學師資多爲日本速成師範畢業生，教法多脫胎於赫巴脫，課程中增加科目不少，形式上大見進步，然教育原理猶未見新穎。入學者仍多爲上流社會之子弟，且女子不與焉。光緒末年始有專爲貧苦子弟設立之半日學校，並爲女子設小學，雖一時未能推廣，社會對於教育之態度，已大改舊觀，設立私立小學者日多，一般人引普之勝法，日之勝俄，歸功於小學教育之說，頗感初等教育之重要。

是時政府復有審定教科書，改良私塾，及設勸學員勸導入學之舉，小學校數及學生數亦漸增，至清末小學生已達二百萬之數。清末中央教育會復提出初小男女同學，廢止讀經，及施行義務教育辦法，惜爲舊派所反對，未能通過。

民國之小學

民國肇興，廢止讀經及男女同校之原則始克施行，新學說及方法亦相繼輸入。自學輔導，分團教學及設計教法等先後風行。課程方面，則修身代以公民，國文代以國語，更增自然及社會研究，漸注意於實際生活及直觀教授。教授時間之單元亦由一小時改爲二十分至四十分，蓋兒童注意力不能專注於一科太長，近始知也。

最近趨勢

中國初等教育最近之趨勢，觀東南大學俞子夷教授所舉之五端可以明之（參看中華教育界十四卷二期）：

一、平民化，

二、社會化，

三、學習心理及學習態度之注意，

四、兒童個性差異之注意，

五、效力之測驗。

自十一年新學制頒布以後，小學課程曾經專家長期之討論，各科標準及畢業

小學課程綱要總說明

最低限度，均經擬定。玆錄其綱要總說明如左：

一、小學課程分爲國語，算術，衛生，公民，歷史，地理（前四年衛生，公民，歷史，地理合併爲社會）自然，園藝，工用藝術，形象藝術，音樂，體育，等十一目。

二、工用藝術舊稱手工；形象藝術舊稱圖畫。但實際作業，不單是手工圖畫，各專家又擬名爲工藝美術，似與內容亦未盡合。工用藝術，不過以衣，食，住，爲體，以工爲用，非正式工藝，亦非完全藝術。形象藝術於舊稱圖畫之外，又有剪貼，塑造，僅以形象爲教學目的，非美術全部，故改今名。

三、小學授課以分數計。初級前二年每週至少一〇八〇分鐘，後二年至少一二六〇分鐘。高級每週至少一四四〇分鐘。（以每週分數分配六日，例如高級每日爲二百四十分。每日酌分若干節，間以休息；例如三十分，或四十五分，或六十分爲一節。每節教學，得視其性質，授一種或二種以上之學科目，例如每種有十分或十五分者）。

四、各科約定百分比如下。實際計算如有除不盡者，應加成整數，以符至少之意。

學科目		百分比 初級小學	百分比 高級小學
國語	語言	30	6
	讀文		12
	作文		8
	寫字		4
算術		10	10
社會	衛生	20	4
	公民		4
	歷史		6
	地理		6
自然		12	8
園藝			4
工用藝術		7	7
形象藝術		5	5

音樂	6
體育	10

五、鄉村小學各科目不能獨設時，得酌量合併，依教授之方便，從簡略以利進行。但國語，算術授課分數不得再減。

關於各科之綱要，辭長不贅述。起草者多爲江浙初等教育專家。江浙之小學本爲全國之先覺，若全國小學均能照所訂綱要實行則中國之初等教育就質的方面而言，可比之歐美而無愧色矣！

至量的方面，則據教育部及中華教育改進社所調查民國以來之小學生數約如下表：

小學生數

年度	初小學生數	高小學生數	其他學生數	總計
元年至二年	二、三九八、四七二	三五八、三八五	一九、五一六	二、七七六、三七三
二年至三年	三、〇四〇、七七八	四〇三、四二七	二二、〇六八	三、四六六、二七三
三年至四年	三、四六一、三一三	四一三、九八〇	二四、三六〇	三、八九九、六八三

四年至五年	三、七〇〇、六〇四	三八六、三五八	三二、四三七	四、一一九、三九九
八年至九年	五、二七五、二〇六	四四七、〇〇七	……	五、七二二、二一三
十一年至十二年	五、八一四、三七五	五八二、四七九	二〇、四六七	六、四一七、三二一

上列數目：元年至五年者，係根據教育部統計，八年至九年者，係據教育部普通教育局特別調查；十一年至十二年者，係中華教育改進社所調查。所列數目均未計入教會小學及私塾學生數，而此二項學生數估計當與上列數不相上下，故受初等教育者之總數約一千萬以上。

然一千萬小學生在四萬萬人之國家中可謂渺乎其小，直滄海之一粟而已！

世界各國，自德國各邦於十七、八世紀之際，實行强迫教育後，陸續頒布義務教育之制度，若法，若英，若美國北部各州，若日本，均於十九世紀中實行。惟義務教育之年期頗不一致，據袁希濤先生所調查，約如下列：

英國　九年
法國　七年
德國　八年
瑞士　七年至九年
比國　八年
丹麥　七年至八年
美國　四年至九年
日本　六年

茲查得一九二一年各國人口及小學生數，列表於下以資比較。

國名	人口	小學生數
英	四四、一四七、六〇一	五、八五六、九九五
法	三九、四〇二、七三九	四、〇〇六、二七九
德	六二、四七四、八七二	八、九四二、九〇四

美	一〇七、八三三、二八四	二二、一六五、三八八
日	五五、九六一、一四〇	八、八一〇、四七四

上列英法德美之人口均據 World Almanac and Book of Facts，小學生數均據 Educational Yearbook 1924，內德國人口係一九二五年數，但小學生數仍為一九二一者。日本之人口及小學生數均取自英文日本年鑑。

我國人口四倍於美而小學生數不及其半，可見距普及之時甚遠。

民國以來之學制，雖有四年義務教育之規定，迄未實行。至義務教育之試辦，最初行之於吉林之省會與長春兩處，一時兒童就學者頗多。若以一省為本位者僅有山西。山西自民國七年始，規定分期進行辦法如左：

第一次省城，限至七年九月，辦理完竣，

第二次各縣城，限至八年二月，辦理完竣，

第三次各縣鄉鎮及三百家以上之村莊，限至八年八月，辦理完竣，

第四次二百家以上之村莊，限至九年二月辦理完竣

第五次百家以上之村莊，限至九年八月，辦理完竣，

第六次五十家以上之村莊，及不滿五十家毗連之村莊，能聯合設學者，限至十年二月，辦理完竣，

第七次凡人家過少之村莊而附近又無村莊可聯合者，應由各該地方官紳特別設法辦理。

其步驟則爲(一)造就師資，(二)調查學童，(三)籌款興學，(四)勸導入學，(五)實行强迫。

據該省九年度之調查，全省已就學之兒童數如左：

男	六三五、二一八	
女	九四、五八五	共七二九、八〇三

又據中華教育改進社之調查十一年至十二年山西小學生數如下：

男	六四八、二八一	
女	一三二、六八一	共七八〇、九六二

就此數推算，山西學齡兒童就學者約爲應就學者總數百分之七十有强。惜近年以來，一方面因兵事影響，一方面因小村莊實行之不易，進步甚緩，但較之其他各省，已有天壤之別。

民國九年教育部雖有全國分期籌備進行義務教育之計劃，然僅紙上空談耳。江蘇近年有義務教育期成會之設，對於義務教育極力提倡。據民國十一年之調查，學齡兒童中

已就學者　五七一、二七六

未就學者　三、一四八、五〇三

聞近將再調查一次。一方面六十縣中設相當年期之師範學校及講習所者達五十縣以上，畢業者近千人。師資一項，較之他省，尚非缺乏。今後繼續努力，必有相當之成績。

本章參考書

Parker, S.C., The History of Modern Elementary Education, Ginn and

Co., New York, 1912.

BonSer, F.G., The Elementary School Curriculum, Macmillan, Co., 1920.

Horace Mann Studies in Elementary Education, Teachers College, New York, 1919.

The Speyer School Curriculum, Teachers College, New York, 1919.

五十年來中國之初等教育（見申報館出版之最近之五十年）袁希濤

義務教育之商榷　袁希濤編　商務

山西教育計劃進行各案　山西教育廳編

第十二章　中等教育

中等教育本爲一種大學預備教育。自初等教育發達後，一方面成爲初高等教育間承下接上之教育，一方面復爲若干中等人才之最後教育，其性質極爲複雜。廣義言之，凡一人受初等教育終了後，願再繼續求學，其所入之學校皆爲中等教育機關，如中學，如職業學校，如中等師範學校，如補習學校等莫不在內。其年齡有始自九歲者，有始自十四歲者，有終於十五六歲者，有終於二十歲者，一般趨勢大約自十二三歲至十八九歲。

性質及年齡

西洋古代之中等教育

西洋之中等教育始於希臘。希臘最初之正式教育極爲簡單，僅有運動及音樂二科，其後文化漸進，社會日趨複雜，乃有哲學學校及修辭或文法學校之設，課程有文法，修辭學，辯論學，論理學，幾何等科目。羅馬時代之學校制度，脫胎於希臘，課程及方法上雖較進步，然大體未變。文法學校成爲中等教育之主要機關。課程中演說一門最爲注重，其餘科目悉以供演說之資料爲目的，當時之一切知識如文學，歷史，哲學，詩詞，建築學，醫學，及七種藝術（見前）莫不咸具。

中古之中等教育

中古之世中等教育無甚進步，一切教育機關漸入教會之手，成爲訓練初入教者之所，課程純爲拉丁文字之研究。當時教會勢力日大，擁有鉅資，入學者可不出費，惟入學頗非易事耳。及文藝復興時代主要中等教育機關仍爲拉丁文法學校，其名稱則各國不一，在德稱 Gymnasium，在法稱 Lycée，在英稱 Public School，其制度流傳於今。課程仍注重拉丁文字，間有授希臘文字者，書法及算術則付缺如。其他科目更不備矣。此種學校大都由教會設立政府及私家設立及各大城市市立，各商會設立者，亦有之，不過少數耳。至十六世紀之際，德首創國家學校制度，中等學校亦多由國家辦理，惟無論何處訓練師資初爲教會之事，一切學校教會皆有視察之權。

新式之阿克特美

當文藝復興之時，有第二種中等學校之崛起，卽阿克特美是也。此種學校之設立，由於若干革新家以爲文法學校之課程太狹，既不能爲求其他高深學識之預備，復不切於實際生活。爲解放計，課程應大增改，並用導師制度使學生能感着實際之生活，阿克特美之初，僅為少數貴族子弟而設，重旅行及觀察，因而得近世語言，歷史地理，及自然界之知識。農業軍事學及政治等亦藉以了解。繼而漸取學校形式，在英美即稱阿克特美，在德稱實科中學。其科目有拉丁文，希臘文，希伯來文，教義，德文，法文，圖畫，地理，算術，代數，幾何，三角，歷史，自然，物理，及哲學等。

美國之高等學校

美承英之餘蔭，最初之中等教育機關有拉丁文法學校及阿克特美。十九世紀之際，美國為民治國之急先鋒，首將中等教育機關平民化，設所謂高等學校。高等學校之成功，一方面由於藍背二氏訓導制之經濟，一方面由於社會對於中等教育之注意，各學區多聯合設中學以資提倡。此種學校多為公立，概不收費，人人可入，科目亦極廣博，為西洋各國中學之最進步者。其制度漸被美洲其他各國及歐洲新國所採用。

中等學校之社化

十九世紀以來，一方面因工業革命，一方面因民治精神之發展，國家社會之組織及制度均大生變化，各教育機關最受影響者厥惟中等學校。蓋自工業革命後，一切職業訓練向用家庭教法及徒弟制度者，今漸感其不足，故有職業學校之發生。自民治精神發生後，普及初等教育固屬重要，爲年長失學者補習普通的或職業的教育，亦漸爲社會所注意。世界先進各國對付此種問題，方法不同。歐洲各國多於原有之中等學校以外，設立各種職業及補習學校。美國則除上法外，並設各科齊備之中學。至於今日，歐洲各國猶未承認一切職業及補習學校爲正式中等教育機關，殆由於階級思想之故歟？

歐美各國比較

歐美先進各國之中等教育，以法爲最保守，美爲最進取，英德介乎其間，法僅近年來始有職業學校。正式之中學不獨無職業科，且極重語言文字，其時間約占全部之半，一九二三年且有以希臘及拉丁文爲必修課之計劃，幸次年卽將此計劃修改。

法之中學

法國中學分二級，第一級四年在一九二三年以前分甲乙兩部，甲部必修拉丁，且可選修希臘文，乙部則必修近世語言。第二級共三年，首二年分甲乙丙丁四部，甲重古代文字，乙重近世語言，丙重科學，丁則近世語言及科學並重。甲乙修畢者入第三年哲學部。丙丁修畢者入第三年數學部。一九二三年之計劃則將首四年之課程合爲一部，學生均必須修習法文一種近世語言，古代文字（拉丁及希臘文）及其他科目，第二級首二年始分三部，卽古代文字，近世語言與科學及近世語言與古代文字三種，至最後一年仍分哲學及算學二種。此種計劃，太重古文大受攻擊，其結果第一級首二年仍分二部，卽古代文字及近世語言二種是也。

法之職業及補習學校

法國對於職業及補習教育向不重視，十四歲至十八歲之工人，受此類教育者不及十分之一。其職業學校雖分三級，然質與量均不及德與美。補習教育有普通與職業的二種，其時間均在晚間及假期內，其成績較之其他先進各國，亦有遜色。

法之師範教育

法國之高級小學，名爲初等教育機關，實爲一種中等教育，年限二年至三年不等，凡小學畢業生無力入中學而又不必卽入職業界者可入此種學校。課程第一年均爲普通，第二三年分普通，及農工商各科，畢業生多入職業界任事。高小學生至十六歲時可與一種初級國家考試，若及格得入初級師範或暫充小學教員。初級師範年限三年，但凡十八歲之少年，不論已受師範教育或畢業與否，均可與高級國家考試，及格者可任高小教員及初小校長。初級師範雖有教育及心理功課，內容殊爲陳舊，其他功課均偏重於文字，第三年學生可在附屬小學或其他小學實習。

德之中學

德之中學則分三種，甲重古文，乙則近世語言與古文並重（僅有拉丁而無希臘文）丙則僅重近世語言。德與法不同者，此三種中學自第一年起完全分開獨立，不似法之一校中各部俱備。入學年限法爲十一歲，德爲九歲，故年限在德延長至九年，惟革命後新制度，有爲天才生特設之中學，於六年中修畢九年功課。至舊日雖亦有六年制之中學，皆設於小城鎮，且畢業後學生多轉入大城市之中學再修三年，故非完全之中學也。德國中學之課程，文字功課不及法國者之重，科學算學等則較佳。

德之職業及補習學校

德於正式中學外創設職業及補習學校最早，十九世紀中葉各大城市卽設職業及補習學校，一八六九年德國聯邦憲法規定凡十八歲以下之工人必須受補習教育一九一八年二十六聯邦中有十二聯邦規定各大城必須設立補習學校。今日之聯邦憲法，規定强迫補習教育凡三年，每年四十週，每週必須上課八小時，惟因經濟困難，能辦到者僅數邦耳。此種補習學校係爲有職工人而設，藉以增進普通及職業學識。至職業學校之制度分三級。初級者養成工頭及下等技士，入學者須小學畢業且有工廠經驗者。中級者養成中級技士及管理員入學者須有中學六年程度。高級者與大學程度相等，後當再論。現在職業學校學生數已達六十萬以上，其種類甚多年限亦不一。

德國繼小學之教育機關，尚有所謂中間學校，其性質略似法之高級小學，惟未嘗通行，革命後更受人攻擊。蓋德之小學本可延長至八九年，不必另設此種學校也。

德之師範教育

德國革命以前之小學教員多由初級師範出身。凡小學畢業生年在十四歲者可考入師範預備學校，三年畢業後入師範學校，又三年畢業。師範預備學校之課程極普通，師範學校之課程則較專門，最後一年重實習及教法，惟精神上極保守，訓育一切與小學無異。

革命以後，聯邦憲法規定凡欲充小學教員者一律須先受高等教育。已充小學教員者雖不能再有此機會，然初級師範已相繼閉門，以後小學教員必須中學畢業後，再受二年師範教育，其趨向與美相同也。

英國中學與德法不同者，德法中學幾全爲公立，英國則幾全爲私立，直至近年來，教育部因給與補助金之關係，始克過問其內部之組織。各私立中學有九校最早，最有勢力，亦最保守。各校課程雖不一律而皆重古文。英國上流社會子弟多自幼在家讀書，至九或十歲時入中學預科，十三四歲入本科，十八九歲畢業入大學。此種學校均爲寄宿者，故學生除假期外完全與家庭隔離。此外尙有通學之中學，但亦極重古文。一八九九以前，各私立學校極爲自由，制度及課程各隨其便，無人干涉。是年英國設教育部，一九〇二年復將地方教育權歸入各地方議會。旋將中學分爲兩種，一種受補助者，一種不受補助而成績尙佳者。一方面令各中學設免費額收貧苦學生，並謀與小學之聯絡。然私立中學之有資產者多不願受補助，內部亦不受政府之干涉。惟一九〇二年以後，各地方議會，爭設地方中學，其性質略似美之高等學校，入學者多小學生，且皆男女同校，精神極爲平等，課程亦多近世語言及科學。

此外尚有小學畢業生無希望入中學修業六七年者，則入中央學校或入小學之高級班，其年限大都自十二歲至十五歲。中央學校除普通功課外多有職業功課，以備學生畢業後入職業界。

職業與補習學校

英國職業教育，除上述之中央學校外，多於夜校行之，故職業學校與補習學校幾無分別。至其辦法則各地方不一，蓋英國學制向不統一也。惟夜校大都有職業功課，且多分工商藝術等科。年限亦不一。質與量兩方面較之德美猶有遜色也。

英國之師範教育

英國正式之師範教育實屬於高等教育，惟小學教員未受此種正式教育者甚多。凡十六歲以上之小學畢業生，得在小學校內受非正式之師範教育，由該校首席教員指導之二年後可經考試，若及格則入師範學校，不及格者再留一年，若再不及格可任助教或竟暫任小學教員。

美國之中學

美國之中學雖亦有私立者，但公立中學學生數占中學生總數約百分之九十，可見公立中學之勢力遠過於私立中學。美國之中學通常稱爲高等學校，然尚有少數阿克特美爲歷史所遺留者，高等學校初爲四年，收受八年小學畢業生，今則改爲六六制或六三三制，卽六年小學六年中學，而中學又分爲初級三年高級三年。美國之中學課程，初亦注重拉丁文，近則英文算學及科學占重要位置，至於科目種類之多，冠於各國中學中且多兼設職業科。新式之初級中學大約第一年課程中各科目均爲必修，至第二三年者卽多選修科目，至新式之高級中學，多分設各科，除英文外，幾無共同科目。入學者各級社會之子弟皆有，非如歐洲之中學，專爲上流社會子弟而設也。中學學生數之衆多亦冠於各國，其總數占人口百分之二，較之我國小學生數與人口之比例尤大。

美之職業及補習教育

美國之職業教育雖起源於十九世紀之末，但自一九一七年全國職業教育案通過後始大發達。職業學校之受補助者必須非高等教育性質者，至其上課時間，或全日或半日，或夜間，可因時因地制宜。普通性質之補習學校，亦在受補助之列。據一九二四年之報告，美國受職業教育者達六十五萬餘人，受補習教育者亦五十萬餘人。各州行十四歲至十八歲之强迫補習教育制者凡二十餘州。

美之師範教育

美國小學教員之在城市服務者多曾受高等教育，然在鄉村服務者，則有半數

我國之中學

僅受中等教育，而鄉村小學教員實占小學教員全數百分之四十以上也。十年以前初級師範學校之數尙甚多，入學者多八年小學畢業生，課程首二年普通，後二年專門，對於教育，心理，及實習均頗注重。近年來此種學校多增高程度，改收中學肄業或畢業生，將來目標將成爲高等教育機關也。

吾人之所以不憚繁瑣，述各國中等教育之現狀及問題，亦所以示中等教育內容之複雜及辦理之不易，藉爲我國之借鑒耳。

我國自古無中學，新教育輸入後始有中學之設。中學初不分科，另設中等實業學校，清末中學始採德制分文實二科。民國初年，所定學制，中學仍不分科，另設實業學校，最近學制則縱的方面，改爲六三三制，橫的方面可分設職業科，此實受美國學制之影響。

今日各處實行新學制者尙屬少數。通行之中等教育機關據民國十一年之調查，計：

校名	校數	學生數

師範學校	二七五	三八、二七七
師範講習所	一一九	五、五六九
中學校	五四七	一〇三、三八五
甲種實業	一六四	二〇、三六〇

其他中等學校

由上表觀之，中等教育主要機關仍爲中學。舊制中學年限四年，入學程度須小學畢業，惟因中學大都收費，小學畢業生智力財力足以升學者至多占全數之四分之一。師範學校舊制預科一年本科四年，不收學費，小學畢業生入之者亦頗衆。近因小學教員不足，設師範講習所，年限較短，亦不收費，貧苦之小學畢業生急於謀生者，多考入之。實業學校因國內風氣向重士而輕農工商，入學者頗不踴躍，課程亦少實習，畢業生類多用非所學，殊可嘆也。

自新學制頒布後，各省會及大埠漸有辦高級中學者，惟完備之高級中學需費極大，除一二中學因特殊情形可辦外，餘均失敗，近且有取消者，可見辦理之不易。

中學課程綱要標準

中學課程，因制度屢變，且內容複雜，尚無一定之標準。全國教育會聯合會之課程委員會雖擬有綱要，然擬訂者多根據於理想，非如小學課程之根據於實驗也。中學課程今尚在試驗之中，所望各校勇於試驗，且將試驗結果不論成功與失敗，時時報告，以供他人之參考耳。

職業教育之困難

職業教育，雖經中華職業教育社之提倡，設試驗學校於上海，且與全國教育會聯合會合訂職業學校課程標準，然因我國機械工業未發達，徒弟制度猶盛行，加以兵災遍地，謀生益難，一時難見成效。

師範教育現狀

師範學校及師範講習所除江蘇稍見進步外，餘亦均受時局之影響，有退無進。至小學教員欲望如歐美各國之得受高等教育，決非一時所能辦到，若能全受中等教育，已屬幸事矣。

山西爲普及初等教育起見，嘗有國民師範之設，二年畢業，收十六歲以上之學生，惜近年來因戰事影響亦無形停頓矣。

結論

總之中國之中等教育，其辦理之困難，較歐美爲尤甚，新學制雖欲將中等教育平民化，一方面因民治精神之不普及，一方面因生活程度之日增高，仍爲一種階級教育，此時勢使然也。

本章參考用書

Monroe, P., Principles of Secondary Education, Macmillan Co., New York, 1915,

Inglis, A., Principles of Secondary Education, Houghton Mifflin Co., Boston, 1918.

Uhl, W.L., Principles of Secondary Education, Silver, Burdett and Co., New York, 1925,

Kandel, I.L., The Refurm of Secondary Education in France, Teachers College, New York, 1924,

中學教育　廖世承著　商務

美利堅之中學，黃炎培等編　江蘇省教育會

五十年來中國之中學教育　廖世承編（見申報館之最近之五十年）

中國之職業教育　鄒恩潤秦翰才編（同右）

職業教育概論　作者編　商務

第十三章　高等教育

性質及程度

高等教育者，造就一國領袖人才之教育也。高等教育初無正式機關之形式。自有正式機關後，其入學程度日漸提高。直至須中學校畢業者始可入之。惟近年以來復有解放之傾向，有准不合格者入校旁聽，有專憑考試入學無須文憑者，有竟將一切科目公開任人學習者。要之，高等教育在中等教育之上，其性質爲專門而非普通，入學者非智力高尚程度相當者無從得益也。

西洋古代之高等教育

希臘

西洋各國之高等教育始於希臘。雅典有所謂大學者，其來源爲各哲學學校之結合，其生徒卽爲受軍事訓練者。除軍事訓練外，則在各哲學學校上課。未幾國家出資爲之經營。年限自一年延長至三四年，甚有至七年者。Alexan dria 之大學則始於一圖書館，初爲收集希臘各種書籍文件之所，收集後必需整理研究之人，而大學成焉。自後關於天文地理及算學之研究亦漸從事，成爲高等教育之中心。

羅馬

羅馬繼起，承希臘各大學及圖書館之餘蔭，推而廣之。如雅典大學嘗受羅馬帝王之贊助捐設講座，一時稱盛。希臘各圖書館亦一一遷於羅馬境內。今日之羅馬大學，初亦一圖書館也。大學內對於法律及醫學較之哲學尤爲注意，七種藝術文法，修辭，論理，算術，幾何，天文及音樂皆用拉丁及希臘文教授，其後更研究建築學，算學及力學等。

中古之高等教育

中古之世，西洋高等教育漸衰，除七種藝術外，無他種學術之可言，而七種藝術亦殊淺陋。十二世紀以後，社會對於學術研究之興趣復生，始則重希臘羅馬之文化，繼則加入新學術新理想，是爲文藝復興之初步。當是時也，Naples之南，Salerno有一巍然獨存之醫校，爲歐洲醫學研究之中心，於希臘醫書多所保守，惟其影響除醫學外，殊不大耳。

意及法之大學

近世所謂大學，實始於意大利之 Bologna 大學及法之巴黎大學。意之大學以法律名，爲重新研究羅馬法律之中心。十二世紀之中葉，生徒自各方來者已數百，漸成爲大學，蓋當時之大學卽學生團之意也。學生團之組織，初爲抵制市民而來。市民因學生人數衆多，屢增房租及物價，從中取利，學生應團結以與之交涉，若市民不改其陋習，有全體他往之議，市民爲之屈服。繼而學生團對於各教授有所取締，教授不得任意告假離校。凡講學無能聽講者不及五人，作告假論。至於今日意大利各大學之學生猶有權干涉校政。一方面教育亦有團體，稱爲 College 或他名。入學者必經其允許，修畢若干學程，得領受證書，取得教師之資格。

文法醫神四科之創始

法之巴黎大學，初附設於教堂。十二世紀之末始成爲大學，然生徒之來學猶有先於此者。十二世紀以後，學生始得君主之允許，不受普通法律制裁。惟當時之巴黎大學乃學者之團體，其內部分四科，曰文藝，曰法律，曰醫學，曰神道。四者之中以神道科爲著。其住所則稱爲 College。

新舊教之爭

仿巴黎大學而繼起者，有牛津及劍橋兩大學，皆創立於十二三世紀之間。德之大學則始於十四世紀。其後歐洲大學相繼成立，至中古之末，爲數約八十。前仆後繼，有曇花一現者，有至今猶存者。新教既起，新舊教競設大學，以德爲尤甚。德在十六七世紀爲新進國，其各邦君主多好獎勵學術，因各君主之信仰不同，故德國自十六世紀中葉至十七世紀中葉，舊教之大學建設者凡十（今存者四），新教之大學創立者凡十一（今存者五）。各大學信仰雖異，然目的則一，蓋當時德國各邦因本地無大學，羣走而入歐洲其他各國之大學，故各君主亟創大學以免人才經濟之外溢。

講學自由之始

至十七世紀之末，大學雖多，然均不脫宗教色彩，大學中對於宗教及一切歷史遺留之文化不敢有所批評。自一六九四年德之 Haele 大學創立後，始打破此迷信，聖經及亞理斯多得之學說均可討論及批評，是爲大學講學自由之起點。惜該校因拿破崙吞德而停辦。

當十七世紀之際，英國岡橋大學亦漸有所改革，於一六二八年添設歷史講座。至一六六九年，牛頓始任算學教授，在職凡二三十年，於科學上貢獻殊多。法國大學雖經拿破崙改組，仍甚保守，講學祇可申述而不敢批評或有所發明。

教育與宗教分離

十九世紀之初，德國奮發圖强，國家主義極爲彌漫，教育制度大爲革新，柏林大學創立之始，卽重講學自由，且極力提倡學術之研究，講授其次也。教育與宗教完全脫離，大學成爲最高學術機關，開世界大學教育之新紀元。

十九世紀中葉英國大學教育亦有所改革新式大學如倫敦，伯明罕，滿却司脫，利物浦，薛非而各大學相繼成立，牛津大學亦取消宗教限制，大爲解放。繼而各大學更施推廣教育於大城鎮，使一般人無力無暇正式入大學者，得受高等教育之機會。

美國大學教育之起源

美國之大學教育始於哈佛大學，時在一六三六年。惟當時之課程極重古文及宗教，目的在養成牧師。十七八世紀之際 William and Mary 及耶魯大學相繼成立。十八世紀之末，革命告成，共和建設後，公私立大學創立者日多。州立大學始於 Ohio，其經費來自官荒之收入，官荒則由國會撥給者。其後各新州均起而效之。私立大學，或由私人捐創，或由團體設立，除受補助費外，均不受州政府之管束。

西洋專門學校之崛起

十九世紀以前西洋之高等教育幾爲大學所包辦，大學之目的在養成一國領袖人物。當時之學術界範圍甚小，僅文藝，醫學，神道，法律四科而已。歐洲大陸之大學多重法律及神道，英美之大學則重文藝及神道，醫學則多於專校授之。十九世紀以來科學日見發達，工業亦經革命，學術界之範圍，大爲擴充，其他專門學術之人才均須養成，於是高等專門學校或專門大學遂不得不成立。至應付此種需要之方法，各國不同。

德國之大學仍祗設文，法，神，醫四科。其他科目均於高等專門學校教授。大學重純粹研究，專門則重應用，而均注意專精。

法國自普法之役敗後，大學教育極力摹仿德國，大學分文，理，法，醫，神道五科，重純粹研究，另設專門學校，研究應用學科。

英美與德法之比較

英美之大學則混合制及分立制并採，各專門應用學科，有設於大學內者，有另設者。英國之大學如倫敦，如滿却司脫，美國之大學如哥侖比亞，如威司康辛，均分科甚多。

德法之大學以四科爲本位，前已言之。英美之大學雖學科林立，然皆以文科爲大學本科。英美之大學本科教育實爲一種高等普通教育。首二年之功課注意平均發達，後二年則略從事於專精之研究，在英則用導師制，在美則用選科制，惟至大學本科畢業時，其程度較德法大學畢業生爲低，精深之學術則須在大學院中

英美之大學本科教育

得之。英國之大學如牛津及岡橋本重人格訓練，學術之研究居於次要。美國之大學仿之者亦然。十九世紀之末有仿德制重研究者，如約翰霍布金大學初設時其程度非大學高級生不得入學，後竟不能不添設初級班，招生困難，不得不然也。

初級大學之發生

美國近年來因鑒於大學本科初二年級之程度及性質與後二年者迥不相同，乃有分立為初級大學之舉。大學本科之分為初高級二部者首推芝加哥大學，加州大學繼之。今則有六大學分初高級二部，此外獨立之初級大學及與中學合設之初級大學，數凡二百，學生數達十五萬以上。

初級大學教育，嚴格言之，實一種中等教育。美國初級大學之課程若與德法中學高級者比較，殊無甚大別。其所以在美發達者，半由於歷史蛻變而來，半由於美國經濟力高，父兄願子弟多受教育，普通教育之年期，可以延長也。

美國高等教育之發達

就量一方面而言，美國之高等教育實較西洋其他先進各國為發達。今祇將各先進國高等教育之校數及生數列表明之。

國別	校數	生數

英	一八	四四、九三〇
美	七八〇	六一八、五五五
德	二三	一〇二、八六九
法	一七	五〇、三六七

美國高等教育之發達，實由國家經濟力之大一方面各州競撥地投資建設大學，一方面私人團體捐貲於各大學者動以百萬千萬計，宜乎歐洲各國不能與爭。美國之大富翁如羅奇佛落，如卡納奇，不獨年捐鉅資於美國各大學，即他國之大學受補助者亦爲數不少也。

美國大學科目之衆多亦爲各國冠，如哈佛，如哥侖比亞，如芝加哥，其教授以千計，其科目以百計。質的方面，自歐戰後，歐洲各國經濟奇窘，而美則擴充不已，亦大有青勝於藍之勢。

高級師範教育

初等學校教員之養成，在英則初設獨立之師範學校，近多於大學內附設師範科，其程度與大學等。法仍於中等學校內養成之，有專設之初級師範。初級師範及中等學校之教員則於高級師範中養成之。法之高級師範程度頗高，有駕於大學以上之勢。德國小學教員，初亦於初級師範中養成，歐戰後有在大學中養成之令，畢業後充小學教員者尚不多耳。美國小學教員之訓練亦日漸增高程度，今至少須在大學修業二年。各國趨勢，小學教員之養成必皆為高等教育之責任，至中等學校教員之養成，則更為高等教育範圍中之事矣。

我國高等教育制度沿革

我國古時之高等教育機關在周以前曰上庠，周以後稱太學。周之末，私人講學之風甚盛，從者頗衆。自漢以還，一方面因行選舉制度，一方面因敬孔尊經，學術統一，教育之進步殊鮮。漢武帝設大學以養天下之士，又立五經博士，研究經術，後王莽篡政，大學亦隨他種學校而亡。及漢室中興後，始重建而擴充之。自後各學校均隨治亂而興亡。南北朝時，宋設四大學於京師，即儒學，玄學，史學與文學，是此為中國古代大學分科之始。惜為時甚暫。至隋代興科舉，學校均存空名，惟私人講學者繼續不斷，學術研究賴以維持。唐之學校制度頗為完備，京師有國子學，大學，四門學，律學，書學，算學六學。國子學及大學為高等普通教育，四門學，律學，書學，算學則專門學校也。更有弘文館與崇文館爲貴族學校，廣文館爲考試進士者求學之所，京師學則研究五經之地也。玄宗時立翰林院，初爲文學研究之所，未幾變爲修史督學試士之處。宋時亦有四門學，太學，律學，武學，算學，醫學，畫學，書學等校，惟重考試而輕學校。元代除國子監外更有醫學，陰陽學，天文學三專門學，頗注意於科學，惜甚簡陋。明亦設國子監，後并設武學，以提倡武事。元之諸專門學亦存留焉。清代之主要高等教育機關仍稱國子監，功課分經義治事二門。修經義者選一經或兼數經。習治事者，於歷代之典禮，賦役，律令，邊防，水利，天官，河渠，算法之類，或專治一事，或兼治數事。前者爲純粹研究，後者則專門應用也。惟因考試制度日見發達，清末更有納貲捐官之舉，學術之研究，僅少數學者爲之耳。

新式高等教育之創始

我國新式之高等教育機關始於同治初年（一八六二）創立之同文館，其目的在養成繙譯人才。十九世紀之末，北洋大學及南洋公學相繼成立，爲南北高等教育之中心。未幾京師大學開辦，初設預備館及師範館，外更有仕學館及譯學館，即今日北京大學之起點也。各省亦多設高等學堂爲大學之預備，入學者多科舉出身，中文均有根底，西學程度殊爲膚淺。

留學生

我國之派遣留學生始於一八七一年，第一批凡三十人，由容閎率領赴美，惜派至第四批，政策有所變更，全數撤回。一八七六年福建船政局資派學生四十六人，分赴西洋習造船駕駛之術，計劃雖小，影響殊大。本世紀之初因外患內亂之教訓始大批資送學生留學。畢業回國者，得應考試。日本之留學生盛時達萬人，尤以學法政者爲多。

教會大學

我國新式之高等教育尙有一來源，卽教會設立之大學是也。教會之大學最早者爲約翰，其雛形於一八四七年已具，惟當時之程度僅如中學。大學部直至一八七九年始成立。湖北文華書院（今改華中大學）之起點，則在一八七一年。山東齊魯之創始略早於此。至燕京東吳嶺南等校均於光緒年間發軔。近年以來，各教會有聯合運動，大學之主權，亦不屬於一教會，人才經費因而集中，進步亦因此而加速。

專門學校

政府設立之高等教育機關，除大學外有專門學校之設，在清季稱法政，高等實業及優級師範學堂。民國以來改爲專門及高等師範學校。

高等師範

優級或高等師範爲養成中等學校教員之所，至小學教員則於初級師範中養成之。清季各省設優級師範者頗多，程度不一，效率殊低。民國以來，全國設高等師範六所，劃分學區制度殊佳，惜各高師均漸改爲大學，其中心點漸不爲養成教員，僅餘北京師大一所，良可嘆也。

大學制度

中國之高等教育制度初仿日本，而日本則抄自德法。自民國八年（一九一七）蔡孑民先生長北大後，直接採德法之制，重純粹之學術研究，內部分系不分科，氣象爲之一變。近年以來，效之者接踵而起。惟教會所設之大學，皆爲英美人士所主持，其制度多採自英美，以文科或文理科爲主體，初二年科目普通，後二年行選科制，重綜合的觀察，以爲人格訓練之基礎。

預科之由來

中國人研究近世學術，多須得之於歐美書籍，因而受高等教育者不得不習外國文字，於是年限亦不得不延長。清季有高等學堂之設，民國以來則設大學預科，此不獨中國如是，日本亦然。清時高等學堂及大學預備館分三類，第一類爲經科，法科，文科，商科之預備，第二類爲理科，工科，農科之預備，第三類爲醫科之預備。民國學制則分三部，辦法略同。民國十一年頒布之新學制，取消大學預科，增高中學程度，設高級中學，其升學一部分二組，第一組注重文學及社會科學，第二組注重數學及自然科學，惜實行者尙鮮，蓋獨立設高級中學，殊非易事，今日之高級中學，仍多爲各大學附設變相之大學預科耳。

大學預科之任務

竊以爲大學預科之制未可厚非。在中國研究學術不讀西文書，四五十年內恐難辦到，大學預科目的之一，卽在訓練學生讀原文書。大學本科宜重專精研究，至綜合觀察及讀書能力之養成，則當於大學預科中行之。大學預科之年限應視學生之程度爲斷，以二年爲平均數，程度高者一年至一年半或已足，程度低者或需三年。至大學本科若有相當預備之學生則三年可畢業，庶幾年限較短，或於今日國民經濟力較爲相稱。

大學之聯合

邇來南方有各國立大學聯合之議（參看太平導報），此事殊有討論之價值。北京國立各校向亦有聯合之說，惜各因習俗相沿，不肯平心靜氣討論進行。若聯合得其所，人才經費必皆較爲經濟，而易於發展，觀乎教會大學聯合之效可以知之。卽私立大學亦亟宜有所聯合，俾各展其長而不致有所衝突。邦人之熱心高等教育者盍起而提倡之。

本章參考用書：

Haskins, C. H., The Rise of Universities, Henry Holt and Co., New York, 1923.

Thwing, C. F., Universities of the World, Macmillan Co., New York, 1911.

Paulsen, F., German Universities, Scribners and Sons, New York, 1910.

五十年來中國之高等教育，郭秉文編（見申報館發行之最近之五十年）

第十四章　特殊教育

本章所謂特殊教育，乃上數章所述者以外之教育。此種教育大別之爲：（一）特殊兒童教育，如聾盲啞殘廢教育；（二）通俗教育亦稱社會教育或成人教育。

聾啞教育史

此二類教育之受人注意，近二百年內事耳。聾啞教育最初研究者爲西班牙之教士，當時之聾啞教育不過私人的及個人的，無所謂學校。世界最初之聾啞學校，於一七六〇年創設於巴黎，同年英國愛丁堡亦設一校，然皆私人設立。一七七八年德國來比錫Leipzig之聾啞學校始爲政府所承認，一七九一年巴黎之聾啞學校改爲國立，規模宏大，教法精良，至今爲世界各校之先導。美國聾啞學校之創設，初受英繼受法之影響，第一校成立於一八一七年。至各國聾啞學校之約數如下：

現狀

英　五二校，　美　一四五校，

德　八九校，　法　六五校。

中國聾啞教育創於山東某女教士（Mrs, A. J. Hills），彼初設一校於登州，此校後移至烟台。該校畢業生後復在固鎮，杭州，南通，北京各處主辦聾啞學校。南通聾啞學校之畢業生復在上海任聾啞學校教員至今中國之聾啞教育除上海一校係由中國人自辦外，均由教會主持。

盲人教育史及現狀

盲人教育亦始於法，惟學校之設立更在聾啞學校之後，第一校成立於一七八四年，英國利物浦繼之，歐洲各國均有設立者。盲人教育以美國爲盛，美國自發明凸版印刷後，專爲盲人用之書報，出版甚多。美國國會圖書館及各大城市之圖書館均備多種盲人閱讀之書，盲人不論在何處均可借閱，郵寄亦不取費。至爲盲人設立之學校凡七十餘所，散布於各州。

中國之盲人學校，最初創立者在廣州，時在十九世紀之中葉。及一八七四年傅蘭雅氏 (Rev. W. Hill Murray) 發明盲人書寫法，對於盲人教育提倡不遺餘力，并設一校於上海。惜後繼無人，至今不發達，各處設校者尙未之聞。

殘廢教育史及現狀

殘廢教育之發達始於德國，第一校創設於 Munich，時一八三二年。世界最佳之殘廢學校爲丹麥京都所設者，是校分科甚多，有初班，高班，職業班等，成績頗好，英美之殘廢學校皆望塵莫及。中國殘廢教育尙無人提倡，殘廢之人雖智力甚高，亦無受教育之機會，流於乞丐者甚多。

通俗教育事業甚多，其影響亦甚大。重要之機關有成人學校，推廣班及圖書館等。

成人教育史

成人教育始於英美。十八世紀之末英人憫一般愚民不識字之苦，嘗設成人學校，其來源有二：一爲教會設立者，一爲非教會之私人設立者。教會設立者雖重宗教，然非宗教的功課間亦教授。非教會之私人設立者，多教科學及公民之功課，其後演進成爲工人學校（Mechanics' Institutions）。及一八四二年更有設平民大學（People's College）以教育一般人民者，入學資格毋須中學畢業，科目衆多，目的爲普遍而非爲高深學術也。一八五一年後凡小學校附設夜學教授成人得受補助金。一方面各大學設推廣班者漸多。

美國成人教育機關種類

美國成人教育機關之種類甚多，試述之如下：

大學推廣班，　游行演講（Chautauqua），

冬夏學校，　工人學校，
函授學校，　夜學，
顧不團(Cooper Union)，　演講團 (Lyscum)，
補習學校成人班，　青年會附屬學校等。

大學推廣班

大學推廣班凡州立大學無不設之，私立大學亦有設者，或設於大學，或由大學派人至各處教授。通例凡某地方有五人以上願學某門功課者，可呈請附近大學派人往教，州立大學多不取費，私立大學則收費，時間大約在晚間，因求學者多係有職業之人也。

游行演講

游行演講係一種通俗演講，兼帶娛樂性質，有演說，有短劇，有跳舞，有幻術，係由私人團體組織，入場券收費不等，在每村留三四日，即往他村，場所或借公共地方，或借學校，或搭蓬帳，頗受鄉村人民之歡迎。

冬夏學校及工人學校

冬夏學校大都附設於原有學校，於冬夏另設專班，間有獨立者。科目因需要而異，來學者頗衆。工人學校之制度襲自英國，專爲工人補習普通或專門學識而設，

班次及科目亦頗衆多。

函授學校

函授學校以萬國函授學校爲最著名，科目完備，敎法精良，惟取費頗大。自創立至今已三十二年，入學者達三百萬人。此外尙有美國函授學校及各種專門函授學校，皆係私立，而帶營業性質。各大學及中學附設函授科者甚多，州敎育行政部亦有附設函授科者，如麻州州敎育司所設者，來學者甚衆，而取費極少。據最近調查，學生之入上項公立函授班者計每年達十五萬人，而入私立函授學校者每年計百五十萬人。

夜學

夜學有專設者，有附設於他校或公共機關者，補習學校大都附設成人班，此兩種多爲不識字之成人及初級程度者而設，間亦有職業功課。計一九二三年公私立各夜學中學生數達八十八萬人，至在普通性質之補習學校學習者凡二十七萬人。

顧不團

顧不團係私人團體，專輔助職業界中人多得學識，方法不一，成績頗佳，其總部設於紐約。

演講團

演講團或由學校組織，或由私人組織。演講員多為名人，題目亦多新穎有趣，間亦收費。聽講者長幼男女咸集。據美國某君測算，美國每年每十一人中有一人聽此種演講及游行演講。

青年會

男女青年會均多附設各種學校，時期長短不一，科目種類繁多，視會中能力及社會需要酌量開班，影響亦頗大。計每年入此種學校者，凡十五至二十萬人。

法國之成人教育

法國自歐戰後感於單就已行制度尚難達到教育普及之預期目的，於是在近年以來，關於校外設施非常注意，欲借平民教育以補小學教育之不足。據周君太玄之調查，其教育之機關有下列各數：

一、青年及成年人講演會　三六、二一五七所
二、平民講演會　二五、一一七所
三、平民教員會　四六六所
四、平民大學　三九所
五、國家補助金　一、九四〇、六一四佛郎

關於技術方面者，則除各工業學校附設夜學外，尚有許多專司此事之機關，如工藝義會，多藝義會，學徒預備友義會，法蘭西職工教育促進會，等。參看法國教育概覽中華出版

丹麥之人民高等學校

歐洲之成人教育，以丹麥爲最著。丹麥之人民高等學校，實爲一種成人教育機關，創始於一八四四年，創立者爲 Bishop Nikolai Frederik Severin Grundtvig（一七八三—一八七二）氏本爲牧師，一八二八年告隱後，即從事於著作及教育事業。氏以爲教育之目的，不在求功利，而在養身心，書本不必太爲重視，教師與學生之關係，在人格之陶冶。其科目初爲國語，文學，音樂，歷史等，入學者至少須在十六歲以上，蓋氏以爲年太幼者不易了解教育眞意而得益也。自一八四四至一九一三年，丹麥成立一百四十五所人民高等學校，後六十六所因故停辦，尚餘七十九所。入學者約萬人，男子於冬季入學，女子於夏季入學，來學者大多數爲農民，蓋丹麥本爲農國也。此種學校，初由私人設立，今則漸爲政府注意，補助經費頗多，課程重文化的背景及現代問題，民歌，民俗，文學及體育均占重要位置，有職業功課之學校亦頗多，計凡三十一校。學生多寄宿，故有團體生活，校長及教員均攜眷

住校，學校如家庭，精神甚好。

中國之成人教育

中國之成人教育，於前清時始注意及之。宣統元年（一九〇九）學部奏分年籌備事宜，開有簡易識字學堂章程。因小學爲數不多，凡經費難籌，師資缺乏，人民操作鮮暇，生計困苦各地方，嘗設簡易學堂，爲年長失學及貧寒子弟無力就學者讀書之所。學生不收學費，應用書籍物品，概由學堂發給，每日鐘點自一小時至三小時，時間在上午下午或夜間均可。當時此項學堂雖有設者，但無統計，大約爲數不多。

革命後政府對於通俗教育提倡不遺餘力，教育部設社會教育司及通俗教育研究會專司其事，惜自民國七年以後，各處兵災不已，中央力不從心，其發展遂而停滯。

概況

通俗教育之機關，計有圖書館，通俗圖書館，博物館，通俗教育會，通俗教育講演所，閱報所，巡迴文庫，巡行演講團，簡易識字學校，等。除圖書館及博物館後再述外，據教育部民國六年至七年之調查，上列各機關之數目如下：

通俗教育機關

機關名稱	數目
通俗教育會	一八九所
通俗教育講演所	二、一二九所
閱報所	一、七二九所
巡迴文庫	二五七所
巡行講演團	六五九處
簡易識字學校	四、五九三所

通俗教育會民國六年時各省皆有，尤以山東，河南，四川，雲南，等省爲多。近年以來一方面因軍事關係，一方面人民對於通俗教育亦不熱心，大有一落千丈之勢。通俗教育講演所及閱報所，通都大邑尚多存者，惟多有名無實，蓋經費支絀使然也。

巡迴文庫及巡行講演團本卽不多，書籍及團員亦甚少，近更退步矣。

簡易識字學校近多關閉，惟自平民教育促進會提倡千字課後，平民學校及平民讀書處起而代之，一時稱盛。

中國平民教育之起源

當歐戰時，中國以聯合國一份子之資格，嘗遣華工二萬人赴法作工，間接助戰，紐約之萬國青年會委員會乃資派留美學生數人赴法充青年會幹事，爲華工謀幸福。其中有晏君陽初傅君若愚傅君葆琛等，憫華工之不識字，無知無識，遂發行週報一種，藉供華工消遣，後復選常用之字凡六百，爲編常識教科書，擇暇授之，成績頗好。

法國華工及晏君等相繼回國，上海青年會總部首先提倡平民教育運動，晏君復爲檢通用字千數，同時陳君鶴琴在東南大學亦研究選字，其最通用之字凡一千一百六十五個，有此二根據，晏君乃編千字課讀本凡三册，計一百二十二課，時民國十一年也。

試驗

當是時也，晏君首擇長沙爲試驗之處，目的在每日授課一時半，四個月授完千字課。受教者千餘人，年齡自八歲至四十二歲不等，職業則工界者居多，商界，農界，學界，軍警等以次遞減。

繼復在山東烟台及浙江杭州等處舉行試驗。有熊朱其慧夫人者，聞授平民千字課之法及各地之試驗，極願提倡，於民國十二年六月先在南京設立平民教育促進會，就南京警區分爲東，南，西，北，中及下關六區，設校十二所，大都附設於已有學校及公共機關，就學者凡一千六百餘人。後請陶君知行，朱君經農改編千字課，陸續成四冊，凡九十六課。

總會及分會

十二年夏，中華教育改進社開年會於北京清華學校，經大衆之宣傳，成立全國平民教育促進總會，由晏君任總幹事。今則除總會外，有省分會二十二處，城市分會二十二處，鄉村分會一百五十餘處。

事業

近年以來該會所進行之事業，約如下述：

一、幫助各處設立平民學校及平民讀書處，

二、編輯新民及農民報與其他刊物，

三、編輯各種平民讀本，（進行中），

四、劃分鄉村平民教育與城市平民教育，因其性質不同也，

五、改編千字課，分爲鄉村用及城市用二種，（進行中）
六、與中華教育改進社及職業教育社合作改進農民生活，（進行中，
七、設立平民教育師範學校（進行中），
八、訓練平民教育幹事（進行中）等。

至各地設平民學校者甚多，惟尚無統計。平民千字課已銷售至三百萬本以上。

圖書館及博物館雖非直接之教育機關，然自近年解放後，每日閱覽者甚衆，其於教育上之影響甚大。

圖書館史

圖書館初本爲藏書之所，古代各國藏書最早者，爲中國，埃及，希臘，羅馬。埃及之開洛藏書處及中國之天祿石渠四庫，皆負盛名。私家之藏書者亦甚多，中國如崑山徐氏之傳是樓，鄞縣范氏之天一閣，杭州汪氏之振綺堂，鄖鎭鮑氏之知不足齋皆甚著。近數十年來，以吳興陸氏之麗宗樓爲首屈一指，陸氏且另建守先閣以供一郡人士之瀏覽，此爲公開私家藏書樓之先導。至國立者則宋有崇文館，明有文淵閣，淸有文瀾，文匯，文宗三閣，然皆僅供學者之涉獵。西洋各國之藏書館初亦不

英美之圖書館

公開，如牛津大學波得力（Bodlian）圖書館，限止普通人入館閱覽，美國於一六九七年有牧師勃蘭（Thomas Bray）始創圖書館於教堂內，亦專爲教士參考而設。

自一八七六年，美國組織圖書館協會後，圖書館事業始漸發達。一八九一年後，歐洲各國之圖書館協會相繼成立，圖書館之設立亦日增多，惟能如美國之普及者則僅英國耳。英美之圖書館，大別之種類如下：

一、國立或州立圖書館，　如英美國會圖書館，英國博物院圖書館，搜藏之富，爲全國冠。（據最近調查美國各州立圖書館每年借出之書籍達一百五十萬册）

二、公立圖書館，　如紐約，芝加哥，倫敦，滿却司脫各大城，均設有規模宏大之圖書館。紐約之公立圖書館有館員一千二百餘人，每年經費達二百二十餘萬金元，分館遍紐約之各處。

三、學校圖書館，　如英之牛津大學，美之哈佛及米歇更大學均有極壯麗之圖書館，美之耶魯大學近得捐款六百萬，將建設空前之大學圖書館，能容書五百萬册，閱書者同時能容一千五百人！

四、專門圖書館，　如英國倫敦之銀行圖書館，美國紐約之工程學圖書館，施奈克他狄之電學圖書館等，對於專門圖書搜集頗多。

五、巡迴圖書館，　此種圖書館多附屬於州立圖書館，以美國西部爲多，每次用大汽車裝運約容二千册。

六、特別圖書館，　如盲人圖書館，兒童圖書館，軍人圖書館，推廣圖書館等。

圖書館學校

圖書館事業質與量的二方面既與日俱進，管理方法亦日見複雜而須精密，美國首創圖書館學校以養成管理圖書館之專門人才，其種類約如下：

一、(甲)圖書館專門學校——入學資格須大學本科畢業或相當程度者，年限二年，畢業時給予圖書館學學位。

(乙)大學，高師或大圖書館附設之圖書館學專科，畢業年限二年至三年。

二、州立或公共圖書館附設圖書館普通學校，程度較低，年限一年或半年不等。

三、夏季學校，由大學或大圖書館開辦，圖書館館員及各學校教員皆可入學修業。

邇來有富翁捐資數百萬於哥侖比亞大學，為創設圖書館學院之用，以養成圖書館學專家為目的，給予碩士及博士學位，將來必成世界圖書館學研究之中心。

我國圖書館近年以來始漸開放，各處設立新式圖書館者漸多。北京收藏之四庫全書移入京師圖書館，供人閱覽，南京杭州繼之，設省立圖書館，其他公立圖書館，據最近之調查，計八十八所，通俗圖書館凡二百九十餘所。參看圖書館協會會報第三期下同學校圖書館則大學專門學校及中學所設者凡一百七十二所，有單獨之館舍及合宜之書庫者約十二處。專門圖書館則上海亞細亞協會圖書館，藏西文關於中國及亞洲之書頗多，南京科學社圖書館為科學書籍收集之所，北京有政治學會圖書館，地質調查所圖書館皆為新式。各部衙門亦多附設有圖書館。上海周氏收集中西日文算學書報極多，聞將建立算學圖書館云。

圖書館學校

圖書館學校以武昌華中大學（敎會立）者爲最早，成立於民國九年，入學者須大學二年程度，年限三年，六年以來畢業者二十三人，均在各地圖書館服務。同年夏北京師大應各省之請，設暑期圖書館講習會，來學者凡七十八人。民國十一年春，廣東省敎育會嘗辦圖書館管理員養成所，入學者四十餘人，大都學校圖書館之職員。本年（十五年）中美文化基金決定補助華中大學圖書館學校設講座及免費額，刻正招生。同時復在北京建立大規模之圖書館，期三年完功，以樹各

協會

省之模範。至中華圖書館協會則於十四年夏成立於北京，發行各種關於圖書館學之書報，中國圖書館事業之前途，殊可樂觀也。

博物院史

博物院初亦祇供少數人之用，且組織毫無系統。西洋最早之博物院爲雅典及Alexandria 所設者，時在二千年前。中古之世，敎會，各王公貴族，及私人均有所收藏，僅供諸同好耳。新式博物院之設立，則近二百年事耳。

歐美現況

一七五三年英國博物院由國會通過成立，規模宏大，資產雄厚，至今聞名於世界。今英國國立之博物院凡四。一八四五年國會更鼓勵各地方創辦博物院，今地

方博物院成立者已有二百五十餘所。

法國國家博物院始於一七八九年，時正革命之後，政府對於公益事業極力提倡，路易諸帝及拿破崙之遺物多留其中。美國則於一八四六年由施密士鬆尼恩學院（Smith Sonian Institution）着手爲國家收集材料，於一八七六年成立國立博物院。各大城如紐約，波士頓，芝加哥，聖路易等處，均有建築壯麗佈置井然之博物院。德國提倡博物院亦不遺餘力，猶以 Munich 之國立博物院爲最大，計展覽室凡百間，佈置及分類方法亦屬最新。

西洋各國之博物院，大抵可分爲下列數類：

一、自然史院——以紐約者爲最著。此種博物院，凡關於自然界及其演化之一切材料均行搜集。

二、美術院——以法國及意大利者爲最著。目的專收集各種美術作品，尤以畫及彫刻爲多。

三、歷史院——如上述之 Munich 者，凡關於歷史上各種材料均行搜集。

四、專門性質之博物院——如美國費城之商業博物院搜羅一切關於商業之材料。

專門性質博物院之一種卽爲教育博物館，專搜關於教育之材料，如設備，教科書，及建築物之模型等。

中國之博物院

中國博物院事業猶未發達。最早之博物院當推濟南廣智院，於一九〇四年，由英教士創辦，今歸齊魯大學主持。院爲通俗性質，內分博物室，萬國歷史室，聖經室，人類室，閱書報室等。民國十四年薛篤弼君嘗仿其意改北京鼓樓爲通俗教育館。北京之宮殿自民國建設後，先後改爲博物院。前部有古物陳列所，於民國四年卽成立，內藏熱河行宮之各種物件；後部則於民國十四年改爲故宮博物院，藏原有各種物件，惟入門均收費，非完全公開也。

本章參考用書：

Bostwick, A. E., The American Public Library, Appleton, New York, 1923.

Public, Society, and School Libravies, U. S. Burean of Education, Washington, D. C., 1915.

Report of the Adult Education Committee, His Majesty's Stationery Office, London, 1919.

Bulletins of the World Federation for Adult Education, London, 1921.

Adult Workmgclass Education in Great Britain and the United States, Burean of Labor Statistics, Washington, D. C, 1920.

Bulletins of the National Association for the Advancement of Education 商務

Tai, T. C., Professional Education for Libravianship, H. W. Wilson, Co., Mew York, 1925.

Libraries and Adult Education, American Library Association, Chicago,

教育概論

1926.

第十五章　教育行政與經費

敎育之管理與行政，古今中外各各不同，經費之由來亦均異途。

西洋古代之敎育管理

西洋古代之敎育行政，隨時代而異。希臘之斯巴達嘗設有敎育專官，兒童至七歲，卽受專官之管理，至十八歲受軍事訓練，年期有至二十五歲者，有延長至三十歲者。雅典之少年則僅受軍事訓練二年，在此期內受政府之監督。羅馬諸帝中有熱心敎育者嘗由國庫支出各校費用之一部分。各校敎師多由君主任命。有二代君主且禁止私人設校，一切學校均歸政府設立。

中古之敎育權

中古之時，敎育權漸入敎會之手。舊敎敎會嘗創有完全之敎育行政制度，敎長由衆選舉，任期終身，其權甚大。各區敎官悉歸指派。各學校均由敎官及區長隨時視察，制度極爲統一。敎長賞罰極嚴，其奬勵方法頗多，故所轄學校形式極爲整齊。

敎會以外之學校，悉由慈善團體創設，制度各行其是，行政各不相謀。至首先收學校爲國有者德意志也。馬丁路得創新敎時，嘗主張學校須由政府設立。十八世

德教育集權之始

紀之際，德之弗來得律克大帝 (Frederick the Great) 先行强迫教育制度，准許信教自由繼則將一切公立學校收爲國有私立學校概須按照定章並受政府之視察及監督同時於中央及地方設强有力之教育行政機關。所有中學及大學教員均由君主任命。

德教育行政制度

十九世紀以來，德國教育行政之特點，爲中央集權及整齊劃一。中央政府設有教育及宗教部，設總長次長各一人，其下分三司：(一)專門教育司，(二)普通教育司，(三)宗教司。各地方則每州州長下有教育議會，議員凡七人，掌理一切中小學教育行政事務，有權薦舉，升遷及辭退各校教員並視察一切學校。州下有郡，郡設教育局，有教育委員七八人，佐郡長管理郡內教育事務。郡內之各城市及鄉村各有地方教育委員會，委員有由長官派任者，有由市村議會選舉者，有由地方紳士推任者，其中至少須一人或二人係教員或校長任之，任期均六年。委員會之職權在革命以前，僅管學校房屋及設備，一切教育行政方針及教員之進退，悉須聽命於上司。

革命後趨勢

革命以後，各地方多要求有教育權，各教員亦均要求教授之自由，至今猶無定論，惟中央極端之集權已辦不到，今後但視讓步至若何程度

法之教育行政制度

耳。撒克遜邦之教員，已有權推選校長，一切課程及規則均由教員會議定之。卽在普魯士，校長亦不能如以前之專制。

德國教育經費，其由國庫支出者爲教員薪俸與養老金及貧苦學區補助金。餘由地方支出。

法國於十九世紀拿破崙掌政時，始統一教育行政，設法國大學，管理一切中等及高等教育機關。至於初等教育，直至一八三三年始屬政府管轄。法之教育部則於一八二八年卽設立。今日之教育部內分三司，卽初等教育司，中等教育司，高等教育司是也。教育總長頒布法令編訂課程及釐定預算，一切均須諮詢最高教育會議，其議員有由總統委任者，有由總長聘任者，有由各大學教授及中小學教員選舉者。全國分十七學區，每區設學長一人，下有區視學一人至數人，處理一切高中等教育行政事務。區亦有區教育會議，議員除視學外，有各大學教務主任，教授代表，中學教員代表，各地方議會代表等。初等教育機關及師範學校之管理，則府長之事，府長有權進退教員，凡府內一切教育事宜，由府長得府議會之同意進行。

府下有縣，每縣有視學。市村亦有設學校委員會者，籌劃學校之建築及設備。

經費

法國學校建築及設備費用，均由各地方自籌，薪金及師資養成之一切費用，則由國庫支出，因此地方負擔極輕，教育發達得以平均。各地方之富庶者，多備高小入學獎金，教員留學費及補習教育費以資提倡。

英之教育行政

英國之政府教育管理權，幾全由補助學校而得。英國學校多私立，十九世紀之際，教育視察權全在教會掌握之中。政府初補助學校建築費，繼補助設備及薪金，取得視察權。一八七〇年始有公立之小學，由地方議會管理，經費則來自地方稅及國庫補助各半。教育部則直至一八九九年始行成立。教育部設總長一人，其下有考試員及視察員各若干人。全國分爲九視察區，每區有小學視察員，補習及職業學校視察員，中學及師資訓練視察員。與教育部有直接關係之機關有二，一爲諮詢委員會，會員凡二十一人，內多專家，備總長諮詢一切教育計劃。一爲報告部，專任搜集及編輯本國及國外一切關於教育之資料，而流傳之。英國教育部之管理全國教育方法，仍爲用補助金獎勵之法，至不受補助之學校，雖視察之權亦無

經費

之惟全國受補助之學校日衆，行政亦漸統一，然各大學之受補助者直接得自國庫，教育部不能問也。中等教育之經費則半來自國庫。私立中學之資產雄厚者受補助較少或竟不受。小學校之房屋多建自教會，設備及薪金則由地方任之，而地方得視學生之多寡及區域之貧富，受國庫之補助，其補助費每占全數之半以上。

美國之教育行政

美國之教育制度，襲自英國，初無教育行政機關，教育之管理權操之於私人團體及教會之手。革命以後，各地方漸有熱心設學者，舉董事管理校舍經費等事，自抽教育稅，自設學校，自聘教師，是爲鄉區制度。一八三七年滿荷勒司任麻州教育董事部主幹，是爲州政府教育行政組織之創始。滿氏在任凡十二年，對於本州教育之興革，純用宣傳方法提倡之，每年必至各地方演講一次，同時並出半月刊及每年報告。至直接興辦之教育事業，則有圖書館及師範學校，皆於本州及各州影響甚大。自後各州紛紛設教育董事部，至一八六七年設者已有二十六州。至於今日，各州皆有教育董事部，惟其組織則各不同，其董事有由省行政官兼任者，有由教育界職員兼任及州長委任者，有選任者，有由州長及教育司長委任者。教育行政長官之名稱，任法，年俸，任期，職權亦各州不同。職務之大端爲監導全州教育機關，支配補助費，給予教員證書，辦理統計等事。地方教育行政機關則縣，鎭，市，鄉各有教育行政及議事機關，組織亦各不同。大抵略如州制。中央政府雖亦有教育局隸於內務部，其職權殊小，其任務在調查，宣傳，及供給一切資料。自一九一七年全國職業教育計劃通過國會後，中央及各州設董事部處理補助經費，藉補助而管理教育行政，近國會及各地方教育界中人均有設教育部之議，然其用意仍爲鼓勵而非干涉各州教育，美國之教育行政，決不改採中央集權制也。

經費

美國教育經費雖由中央及州政府補助大部分，仍來自各地方，據最近美國專家調查之報告，教育經費出自各地方者占全數百分之八十三。因此貧苦地方，設學極爲困難。該報告主張設法平均各地方之擔負，最好由州政府收稅而分配之。

我國教育行政制度略史

各國教育行政制度及經費分配略如上述，試觀吾國則何如？

我國上古卽有司徒之官，其職權除掌教化萬民外，凡貿易耕植與人民之治安有關者皆屬焉。漢唐以還，考試制度漸重，掌之者初爲吏部，繼歸禮部，終則以試士屬禮部，試吏屬吏部。唐且於各府州縣設督學官。宋代考試之權操諸禮部。元明清效之。明清各省考試之官稱提學道，雍正後每省設提督學政，府州縣學均設學官。主地方學務惟重文藝輕學術，學子之成績定於一日考試之長，平日之課業鮮有人問之。新教育既興，中央設學部，各省設提學使，各地方更設勸學員，氣象為之一變。學部設尚書一人，左右侍郎二人，左右丞二人，左右參議二人，參事官四人。辦事則設五司，曰總務司，曰專門司，曰普通司，曰實業司，曰會計司。復設部視學，省視學及縣視學若干人，視察學校，一時稱盛。

民國教育行政制度

民國肇興，學部改為教育部，部內設總務廳及三司：即（一）普通教育司，（二）專門教育司，（三）社會教育司。官員除總長外，有次長一人，參事四人，司長三人，視學十六人，秘書，僉事，主事，技士若干人。各省設教育廳，廳設三科及視學若干人。各縣設勸學所，所設所長一人，勸學員二人至四人，近有改為教育局者。（見後）各地方則劃分學區，每區設學務委員一人或二人。

地方教育行政制度之改革

民國十年全國教育會聯合會開會時，曾議決改革地方教育行政制度，約略如下：

(甲)省區教育行政

(一)省區教育行政機關設教育長官一人。

(二)省區教育行政機關應設參事會，定參事員爲七人，但得視地方情形增減之。

參事員由下列各項選出之：

一、省區教育行政長官選派二人，

二、省區教育會推選二人，

三、省區立學校及私立中等以上學校推選三人。任期四年，每二年改選半數。

(三)參事會之權限，凡關於省區教育行政事項，均由其議決行之。教育經費歸參事會保管。

(四)省區教育行政長官執行參事會之議決事項。

(五)省區教育行政機關之組織，由參事會議定之。

(乙)縣教育行政

(一)縣設教育局置局長一人.

(二)縣教育局設董事會,定董事爲五人,但得視地方情形增減之.

縣教育局董事以下列各次選出之董事組織之:

(一)縣行政長官選派一人,

(二)縣教育會推選二人,

(三)縣立及其他公私立學校推選二人.

任期同參事會.

(三)董事會之權限,凡關於縣教育行政事項均由其議決行之.教育經費亦歸其保管.

教育局長之任用,由董事會提出,陳請省教育行政長官委任.

(四)縣教育局局長執行董事會所議決之事項.任期三年.

(五)縣教育局之組織,由董事會議決行之.

(丙)市鄉教育行政

(一)特別市之教育行政得視縣教育行政酌量定之。

(二)縣所屬之各市鄉，劃定學區每區設學董一人，任本區教育之調查及設施事項。

市鄉各區學董之任用，得視地方情形用選舉制。

(三)市鄉各區教育行政辦法，由各縣視地方情形自定之。

(四)市鄉各區之教育經費須確定專款，以作本區教育之用。

上述議案，於十一年曾經教育部召集之學制會議覆議，關於縣及特別市教育局之規程，曾於十二年公布。縣及特別市教育局設局長一人，視學及事務員若干人。局長由縣知事或市長薦三人，由省教育廳或教育部擇其一。縣董事會董事五人至七人或九人，特別市者九人，除由縣知事或市長派一人外，均由縣或市參事會選舉，任期三年。縣市下酌劃學區，每區設教育委員一人，辦理本區教育事務。

經費之分配

中國之教育經費，高等教育由省政府負責，中等教育機關則或由省立或由縣立,小學由縣立及市鄉立者居多,省立者甚少.其他教育經費之來源,則視各處情形而異。

中央教育經費爲行政費之一部分,由中央入款中撥給。中央入款有直接收入者,有各省解來者,直接之收入如關稅,鹽稅,印花稅,烟酒公賣,郵電鐵路收入等項,近因各省用兵,多截留中央入款,中央經費幾無來源。至由各省解款者則更少矣。至中央教育經費之支出項下有(一)部費,(二)直轄學校費,(三)分機關費如觀象台等,(四)留學費,(五)補助費,今因積欠經年。北京之國立各校已陷於山窮水盡之地位。他處國立學校,名爲國立,實由各省截留解款維持之。

省教育經費之來源多爲附稅,雜捐,基金生息及行政收入等。近年以來,有行肉厘稅,當契稅,紙烟稅以充教育經費者。至支出項下則有(一)行政費,(二)省立學校及其他教育機關如講演所圖書館等之經費,(三)補助費,(四)留學費,(五)特別費。

各縣教育經費,有來自原有學款者,如從前之書院,考棚,賓興,學田,學屋,籌款;有來自稅捐者如屠稅，田賦附加稅，烟酒稅，厘金附加捐，紙捐，畝捐，業捐等等。其用途則爲小學及通俗教育機關用費，行政用費等。

山西籌劃經費方法

山西自實行義務教育後，其籌劃教育經費之方法，約如下述：

(一)城市商店住戶捐，按等級擔任。

(二)鄉村教育費多由地畝勻灘，戶繁而田腴者多捐，貧者少捐。

(三)教育基金另行籌集，有由每畝帶徵，半年徵一次者，有分等抽收者。

(四)家庭能担負者得出學費。

(五)貧苦區域之教育費可由縣公款支出或補助。

(六)小學分等級領費。

(七)大宗收入爲商店捐，住戶捐，房屋捐，地畝捐，牲畜捐，學費及其他雜捐。

欲圖教育之發達，端賴經費之充裕。我國教育經費較之他國本已極少，加以各省用兵，學款提用殆盡，前途何堪設想。爲今之計，一方面當保存已有經費，勿供軍用，一方面另開來源，徵收教育特稅，庶教育事業可由維持而進於擴充。希望此後，

希望

各省能有明達之省政府增加教育經費，補助各縣及市鄉之教育，獎勵優良學校及辦學人員。補助之理由，或因貧苦，或由於特別原因。務使量的方面各省教育得以平均發達，質的方面各省分劃學區，設立模範學校以資觀摩，而求進步，則甚善矣。

全國教育經費統計

全國教育經費之分配，據民國十二年中華教育改進社之調查，其數如下：

學校種類	學生數	歲出數
大學及專門學校	三四、八八〇	一三、九五〇、四二四元
師範學校	三八、二七七	四、四五四、二六五
師範講習所	五、五六九	一七九、六五四
中學校	一〇三、三八五	六、六〇〇、二五六
甲種實業學校	二〇、三六〇	二、七九〇、〇〇五
乙種實業學校	二〇、四六七	六〇〇、四七〇
高等小學校	五八二、四七九	一〇、〇八九、七三一

國民學校	五、八一四、三七五	二〇、七五九、七六二
總計	六、六一六、七九二	五九、四二四、五六七

與美國比較

一九二二（民國十一年）美國教育經費數如下：

學校種類	學生數	歲出數
公立小學	二〇、三六六、二一八	一、一六三、三七四、〇七四（金元）
私立小學	一、三五五、〇〇〇	七七、三九七、六〇〇
公立中等學校	二、九二四、五一一	四一七、二九七、二二二
私立中等學校	二七九、六三〇	三二、八〇八、〇五三
高中等師範	一九四、五三四	三八、七九四、四三〇
大學及專門學校	五五〇、九〇六	二七二、八一五、七〇三
其他學校	一八〇、一六二	五〇、七六三、四一〇
總計	二五、八五〇、九六一	二、〇五三、二五〇、四九二

今試以美國教育經費與中國者較，其相差之遠爲何如乎？

本章參考用書

Sandiford. P., Comparative Education, Dent and Sons, London, 1919.

Educational Yearbook, Teachers College, New york, 1926.

Cubberley, E. P., Public School Administration, Houghton Mifflin and Co., Boston, 1922.

中國教育制度沿革史　郭秉文著　商務

世界各國學制考　吳家鎮編　商務

第十六章　教育之研究

教育學之獨立

教育之研究雖自有教育制度及學校以來，卽已開始，然教育學成爲專門學問則近百年事耳。

十九世紀之教育學家，使教育學獨立成專門學問者當推赫巴脫與斯賓塞二人。

赫氏生世

赫巴脫德人生於一七七六年，曾肄業於 Jena 大學，初任家庭教師，每二月作報告一次，凡二年。自一八〇二年至一八〇九年，在 Göttingen 大學任助教，講教育學。一八〇九年受 Königsberg 大學之聘，繼名學者康德任哲學教授，不久開辦歷史上有名之師範院及附屬學校，一面研究一面試驗，其徒畢業後散於四方，爲二十世紀各國教育界之先鋒。赫氏在該校任教職凡二十餘年，復回 Göttingen 大學講學，於一八三五年發表其教育學講稿綱要，六年後將此綱要演成教育學大綱出版，一時頗引起人之注意，不久再版，而彼亦於一八四一年與世長辭！

學說及貢獻

赫氏之教育學以心理學爲基礎，故於教授方法上貢獻特多，雖其心理原理多主觀而自內省得來。其學說之中心點爲「統覺」，蓋彼以爲新觀念必由舊觀念演化蛻變而來。其方法重「多方興趣」，接觸愈多則興趣愈大而所得愈多。其五段教法，前已述及，茲不贅。

斯氏生世及貢獻

斯賓塞，英人，生於一八二〇年，體弱，未入大學，居家研究，初習社會學，有所貢獻，三十歲後研究教育學，常以短文投寄各雜誌。至一八六〇年發表歷史上負盛名之教育論，於課程及教材之分配貢獻特多（見前）。此書曾譯成十三國文字，影響於全世界頗大。

斯赫比較

斯氏與赫氏，一爲研究教材專家，一爲研究教法專家，一重理論，一重實驗，一爲教育哲學家，一爲教育科學家，實開後世研究教育者之兩條大路。

各國之教育研究

十九世紀之末，德國各大學首設專門講座，聘教育學專家講教育學，惟其名稱仍爲哲學或心理學教授。英法繼之。法國高等師範爲造就教育人才之最高學校，教授多聞名於世界，學生程度亦極高，多係大學畢業生。英國各大學設教育專科者頗多，尤以愛丁堡大學之教育科爲最佳，所造就之人才頗不少。

美國大學設教育專科者多成立於本世紀之初。哥倫比亞大學師範院，初爲獨立學院，成立於一八八八年，至一八九八年改爲哥倫比亞大學之一部分，科目衆多，計凡六百餘門，以學生數論，爲世界各大學研究教育最大之所。一九二三至一九二四年，在大學院中研究之學生凡二、二三三人，合計其他學生凡五千餘人，若以夏季學校學生數加入，則凡九千餘人。美國各大學以教育科著名，次於哥倫比亞大學師範院者爲芝加哥大學，斯丹佛大學，批博對師範院，密歇根大學等。

教育研究之三大類

本世紀之初，關於教育之研究，約可分爲三類：

一、歷史的研究，

二、哲學的研究，

三、科學的研究。

歷史的研究

關於教育歷史的研究，在法有康背來 G. Compayre，在德有包而生 F. Paulsen，在英有阿日生 J. W. Adamson，阿日司 J. J. Adams，在美有孟祿 Daul

康背來 Monroe

康背來生於一八四三年，於一八六二年入法國高等師範，一八六五年畢業，卽在中學任哲學教員。嘗以講演盧梭學說而引起某黨之反對。一八七四年得博士學位，旋任高等師範之教授。自一八七四至一八八〇年，講演關於教育之各種科目，如達爾文主義之研究，兒童心理學，教育學原理等。但彼最有貢獻之著作爲十六世紀後之法國教育史，曾被譯成各國文字，該書初版於一八七九年發行。其後改爲普通教育史出版於一八八一年。受法國教育總長之命，創立二女子高等師範，釐訂課程，悉出其手。一八八〇年彼之公民與道德教育出版，三年之中銷至三萬部以上。自一八八一年後，彼入政界，充議員。彼蓋以學者兼政治家者也。彼之著作雖刊行於十九世紀之末，然其影響於本世紀者頗大，後之研究教育史者多仿其方法。如包而生之德國之教育則仿其十六世紀後之法國教育史，孟祿之教育史，則仿其普通教育史也。

包而生

包而生係柏林大學哲學教授，其事蹟不詳，其名著爲德國之教育及德國之大學二書。德國之教育爲一種教育史，略於古代而詳於近世，十六世紀以來之德國教育，敘述至盡，一目了然，曾被譯成各國文字發表。

阿旦生及阿旦司

阿旦生及阿旦司同爲倫敦大學教育學教授。阿旦生爲倫敦人，畢業於倫敦大學，於一八九○年即在該校任課。阿旦司則爲蘇格蘭人，始任蘇格蘭之中學及師範教員與校長，本世紀之初任倫敦師範學校校長及大學教授，凡二十年，今猶在世，但兩氏均已退休。阿旦生關於教育史之名著爲教育史研究指南，阿旦司者爲教育理論之演進。

孟祿

孟祿嘗數度來中國，知之者較多。彼生於一八六九年，一八九七年在芝加哥大學得哲學博士，後即至哥倫比亞大學師範院任教授，旋任該院教育部主任，前年該院設萬國教育研究部，復被任爲主任。其教育史教科書，行銷甚廣。

哲學的研究與杜威

教育哲學的研究，自斯賓塞以後，當推杜威。今日各國哲學名家雖多，專研究教育哲學而極有貢獻者，惟杜威耳。杜威生於一八五九年，於一八八四年在約翰霍布金大學得哲學博士。後在密歇根、岷納蘇達及芝加哥大學任課，一九○二至一九〇四年任芝加哥大學教育科主任，一九〇四年以後，即在哥倫比亞大學任教授。其教育哲學名著爲民治主義與教育，已譯成各國文字，今日新教育主義及精神，皆氏所創也。

科學的研究

科學的教育研究，在法有皮奈(A. Binet)，在英有施比門(C. E. Spearman)及不脫(A. Burt)，在美有桑代克及其徒等。

皮奈

皮奈生於一八五七年，爲巴黎大學畢業生，一八九四年後，任巴黎大學生理的心理試驗室主任。嘗倡辦法國心理學雜誌，首行智力測驗，其最初表格於一九〇五年發表，繼復隨時改良，至一九一一年壽終時，正將發表其新量表。其測驗法已通行於歐美日本及中國。

施比門及不脫

施比門生於一八六三年，英人而求學於德，一九一一年後任倫敦大學心理及論理學教授，於教育統計殊多發明及研究。不脫生於一八八三年，牛津大學畢業生，一九一三年後任倫敦議會之心理學專家，近復任倫敦大學教育學教授，於測驗上多所貢獻。

桑代克

桑代克生於一八七四年，嘗畢業於哈佛大學，其博士學位則得自哥侖比亞，畢業後任西餘大學教授一年，即至哥侖比亞大學師範院任課，凡二十餘年。桑代克初研究動物心理，繼研究教育心理及統計，於測驗上貢獻最多，著作計專書凡三十餘本，論文凡三百餘篇。

三種研究比較

上述三條研究教育之大道，皆始於十九世紀之末而成於本世紀之初。歷史的研究所以明教育之演進及以往之成績，以為今後研究之基礎，故首為人所注意；然此種研究，述而不作，僅前事之不忘，後事之師耳。

教育之哲學的研究，探本求源之研究也。作此種研究者非鑒古明今，有敏銳之目光，冷靜之思考，實驗之精神與哲學之背景不可。杜威教育哲學之成功，信非偶然也。教育哲學雖為新教育建立基礎，然發揚光大則又賴於客觀的研究。

教育之科學的研究一方面在客觀，一方面在數量，有歷史的背景及哲學的基礎，始有施展之餘地。西洋新式之教育已有數百年之歷史，量的方面亦發達，至不可不加以選擇之地位，故科學的研究，應時而起，方興未艾，前途未可限量也。

全日研究教育之途徑

由此三大源流，今日教育之研究，制度方面縱可分爲：

幼稚教育之研究，

初等教育之研究，

中等教育之研究，

高等教育之研究。

橫可分爲：

職業教育之研究，

公民教育之研究，

師範教育之研究，

女子教育之研究等。

理論方面則大別之爲：

教育史之研究，

教育哲學之研究，

教育心理之研究，
教育社會學之研究，
教育統計學之研究。

此外尚有：

比較教育之研究，
教育行政之研究，
教學法之研究，
教育測驗之研究，
課程之研究，
課外事業之研究，
鄉村教育之研究，
城市教育之研究，
宗教及道德教育之研究，

衞生及體育教育之研究·

社會教育之研究，

平民教育之研究等。

專精與目的

今日教育之研究其範圍之廣既如上述，是一人雖費全生精力，亦恐難一一顧到，而必有賴於分工及專精。專精之研究應如何着手，當視目的而異。如預備任各級教員，當先研究該級教育之普通狀況，再進而研究適於該級之課程教法一切。如預備爲教育研究之某種專家，則當先以教育史，教育哲學，教育心理學，教育社會學，及教育統計學爲基礎，再進而專精研究某種教育，或重理論或重實驗，或二者並重，視目的及時期而異。

對象及工具

至研究之對象，則凡願爲教員者應有實習之機會，兒童卽爲一種最必需之對象。此外研究測驗者及研究時側重實驗者除兒童外尚須有一切應用材料。研究教育心理學者更需種種儀器以爲研究之工具。

書報

研究教育最不可少之工具，當推書報。本書已於各章之末介紹各種書籍，以資參考。此種書籍日新月異，欲知教育新書之出版期，出版地及內容者，可隨時參閱各大雜誌之書評。惟各種新學說新方法未見於書者多先在雜誌中發表，故雜誌之購取較之書籍尤要。

茲錄歐美各種重要之教育雜誌及定期刊物如左：

School and Society, The Science Press, Utica, N. Y.

Educational Review, Doubleday, Page and Co., Garden City, N. Y.

Education, The Palmer Co., Boston.

Teachers College Record, 525 w. 120 st., N.Y.

Pedagogical Seminary, Florence, Chandler, Worcester, Mass.

Journal of Educational Research, Public School Publishing Co., Bloomington 111.

Journal of School Administration and Supervision, Warwick and York.

The American School Board Journal, The Bruce Publishing Co.,

Milnaukee, Wise.

Journal of Educational Psychology, Warwick and York, Baltimore.

The Elementary School, University of Chicago.

Kindergarten and First Grade, Milton Bradley Co., Springfield, Mass.

The School Review, University of Chicago.

The Journal of Rural Education, Mabel Carney, Teachers College, N. Y. C.

American Journal of Psychology.

Journal of Comparative Neurology and Psychology.

Journal of Applied Psychology.

Psychological Review, The Psychological Review Co., Princeton, N. J.

Psychological Index, ditto.

Psychological Bulletin, ditto.

民國十七年四月印刷
民國十七年四月發行

教育概論（全一册）

△定價銀一元二角
（外埠另加郵滙費）

版權所有

著者　莊澤宣
發行者　中華書局
印刷者　中華書局
印刷所　中華書局
上海靜安寺路二七七號

總發行所　上海棋盤街中華書局

分發行所　中華書局
北京　天津　張家口　邢台　保定
濟南　青島　太原　開封　西安　蘭州　成都
重慶　長沙　常德　衡州　漢口　沙市　南昌
九江　安慶　蕪湖　南京　徐州　杭州　蘭溪
福州　廈門　廣州　汕頭　潮州　梧州　雲南
貴陽　奉天　吉林　長春　新加坡

（五〇一一）